Por

Con motivo de

Fecha

ORACIONES Y PROMESAS para las Mujeres

TONI SORTOR

ISBN 978-1-59789-396-1

Desarrollo editorial: *Semantics*

Imagen de la portada © PhotoDisc, Inc.

Publicado por Barbour Publishing, Inc., P. O. Box 719,
Uhrichsville, Ohio 44683
www.barbourbooks.com

Nuestra misión es publicar y distribuir productos inspiradores que ofrezcan valor excepcional y motivación bíblica al público.

Impreso en Estados Unidos de América.

ORACIONES Y PROMESAS para las Mujeres

Índice

Prefacio

Algunos días, las oraciones salen a borbotones de nuestros labios sin esfuerzo alguno. Tenemos mucho por lo que estar agradecidas, por nuestras familias, nuestra fe, la provisión de Dios, y todas las promesas de las que somos herederas por medio de Jesús, nuestro Salvador. Otros días, las oraciones son más difíciles de pronunciar. Puede que estemos enfrentando una crisis, tengamos problemas con los hijos, o simplemente estemos demasiado exhaustas para orar. El día de una mujer es largo: sus deberes parecen interminables. *Oraciones y Promesas para las Mujeres* se basa en las promesas de Dios, y hay muchas. Usted ya conoce algunas de ellas, puede que otras le sean nuevas, y aún otras parecerán apuntar a sus preocupaciones específicas.

Este libro está diseñado para mujeres a las que se les exige tiempo. Si siente la necesidad de orar por alguna preocupación específica, lo más probable es que usted la encuentre en las páginas del índice. Puede que usted quiera ampliar estas oraciones o confeccionarlas a sus necesidades personales. Éstas tienen la intención de ser usadas como iniciadoras para la oración, algo así como la levadura. En el peor de los casos, deben darle algo de consuelo y uno o dos momentos a solas para recuperar el aliento. Hay varias secciones en este libro dedicadas a las historias de mujeres de la Biblia con las que puede que esté familiarizada. Está claro que las mujeres siempre han sido obreras importantes en la iglesia, y parecía apropiado hacerlas aparecer en un libro diseñado para mujeres. Otras oraciones son menos específicas en cuanto al género, pero están enfocadas en base a las experiencias y las necesidades de las mujeres. Esperamos que encuentre este libro de utilidad en su vida de oración.

LA PACIFICACIÓN DEL HOGAR

La blanda respuesta quita la ira;
mas la palabra áspera hace subir el furor.

Proverbios 15:1

Señor, la mayoría de las veces soy yo quien desempeña el papel de pacificadora en el hogar. Ésta es una labor de doble filo. No sólo debo pacificar a los niños y a mi esposo en sus días malos, también tengo que ver que yo no contribuya al caos al desfogar mi propia ira. Cuando tenemos un día del tipo "ella me golpeó primero", Señor, ayúdame a morderme la lengua hasta que pueda responder con una respuesta sanadora, no iracunda. Cuando mi esposo llega a casa irritado porque algo salió mal en el trabajo, dame palabras tranquilizadoras, no palabras que lo herirán o que lo disgustarán aún más. Y cuando yo misma estoy con ira, permíteme ser un ejemplo de cómo lidiar de manera efectiva con la ira. Ayúdame a ser la pacificadora, nunca la que provoca mayor ira.

Evitando el pecado

Airaos, pero no pequéis,
no se ponga el sol sobre vuestro enojo.

Efesios 4:26

Padre, Tú sabes todo acerca de la ira, porque Tú mismo la has sentido. Lo que Tú condenas no es la ira en sí sino los pecados que la ira ocasiona. Lo que cuenta es lo que hago cuando estoy iracunda. ¿Acaso mi furia me hace decir palabras que hieren y que se recordarán por años? ¿Es mi tono de voz un arma en vez de un bálsamo sanador? ¿Menosprecio a aquellos que amo en el fragor de la ira? ¿O me mantengo lo más racional que puedo, y tal vez incluso me retiro hasta que pueda tratar el problema de una manera bondadosa? La próxima vez que esté iracunda, oro para que Tú me guíes lejos del pecado hasta que pueda volver a decir palabras de paz y consuelo. Ayúdame a ser un ejemplo para toda mi familia.

Exagerando la nota

Mejor es morar en tierra desierta que con la mujer rencillosa e iracunda.

Proverbios 21:19

Algunas veces mi ira es tan abrumadora que no me gusta como soy, Padre. Escucho mi voz elevarse una octava y sé que estoy exagerando la nota. Los niños escuchan esa voz y corren a las colinas, esperando que me calme antes de que tengan hambre. El rostro de mi esposo se endurece en una máscara que me dice que preferiría estar en cualquier otro lugar que no fuera éste, incluso en un desierto sin una botella de agua. Estoy emocionalmente sola, y me lo merezco. Señor, necesito pedirle perdón a mi familia, admitir que mi reacción fue extrema, y pedirle que me deje volver a ser parte de ella. Dame la determinación para mejorar las cosas, para ignorar mi orgullo, y para hacer lo que sea necesario para que volvamos a ser una familia.

El perdón

Antes sed benignos unos con otros, misericordiosos, perdonándoos unos a otros, como Dios también os perdonó a vosotros en Cristo.

Efesios 4:32

Una madre siempre perdona, Señor, incluso cuando la ofensa parezca imperdonable a los demás. A pesar de su ira y vergüenza, estoy segura que incluso las madres de los criminales habituales encuentran una manera de perdonar a sus hijos. No tenemos elección; ante todo, somos madres. Mis hijos merecen mi perdón también. Son jóvenes, y sus pecados son pequeños, aunque irritantes, al compararárseles con los pecados de los demás. Cuando alguien en mi familia hace algo malo, lo admite, y se arrepiente de ello, muéstrame cómo seguir Tu ejemplo, Padre, y perdonar por amor a Tu Hijo, quien vino a perdonarnos a todos nuestros pecados y hacernos aceptables a Tus ojos. Que nunca dude en perdonar a alguien cuando Tú ya me has perdonado.

Elisabet

Pero el ángel le dijo: Zacarías, no temas;
porque tu oración ha sido oída,
y tu mujer Elisabet te dará a luz un hijo,
y llamarás su nombre Juan.

Lucas 1:13

Zacarías y Elisabet habían esperado años por un hijo, y ahora ambos eran ancianos, y hacía tiempo que se habían pasado de la edad para concebir hijos, sin importar cuánto quisieran tener uno. Luego, Gabriel, Tu mensajero, se le apareció a Zacarías con la buena noticia de que el hijo que Elisabet concebiría prepararía el camino para la venida de Tu Hijo. Padre, algunas veces parece que mis deseos más profundos nunca darán fruto, sin importar cuánto ore. Sigo con mi vida, pero hay un vacío en mi corazón que sólo Tú puedes llenar. Sé que no todas las oraciones son contestadas, pero muchas sí lo son, así que sigo pidiéndote, por cuanto Tú eres mi esperanza.

Gabriel y María

Y he aquí tu parienta Elisabet, ella también ha concebido hijo en su vejez; y éste es el sexto mes para ella, la que llamaban estéril; porque nada hay imposible para Dios.

Lucas 1:36-37

Gabriel le dijo a María que ella concebiría un hijo por medio del Espíritu Santo, Jesús, el Salvador que los judíos habían estado esperando. Luego le dio la noticia que su prima estéril, Elisabet, también estaba encinta, a pesar de su edad. El uso que Gabriel hace de Elisabet como un ejemplo de Tu poder debe haber tranquilizado a María, especialmente cuando él concluyó: "Porque nada hay imposible para Dios". Bastante a menudo oro por lo que sé que es imposible, Señor. Sé que en el mejor de los mundos, la mayoría de mis oraciones no se realizarán. Pero algunas sí, si están dentro de Tu voluntad para mí. Nada es imposible para Ti.

Elisabet y María

Y bienaventurada la que creyó, porque se cumplirá lo que le fue dicho de parte del Señor.

Lucas 1:45

Señor, Tus promesas nunca dejan de cumplirse, si tenemos fe. Elisabet y su prima, María, nunca dudaron de las palabras de Gabriel, Tu mensajero. Una mujer estéril en su vejez y una joven virgen hicieron lo imposible porque eso era lo que Tú querías de ellas, y ellas tuvieron fe de que Tú puedes hacerlo todo. Los nacimientos de Juan el Bautista y Jesús el Cristo fueron algo fuera de lo ordinario desde el principio; y lo mismo fueron las mujeres que los dieron a luz. Padre, no sé cómo Tú usarás mi vida, pero tengo fe en Tus promesas y siempre estoy lista a hacer Tu voluntad, sin importar cuán imposible me parezca en el momento.

El nombre

Pero respondiendo su madre, dijo:
No; se llamará Juan.

Lucas 1:60

Señor, recuerdo cuán ansiosos estaban todos por conocer los nombres de nuestros bebés. Todos los familiares y los amigos tenían sus propias ideas, así como Elisabet. Ellos querían llamar a su bebé como su padre, quien merecía que su nombre continuara, pero Elisabet insistió en que el niño fuera llamado Juan, el nombre que Tú le habías dado por medio de Gabriel antes de que incluso fuera concebido. Zacarías respaldó a su esposa y obedeció a Tu mensajero: "Y llamarás su nombre Juan". Algunas veces tengo que ir en contra de los deseos de los demás para hacer Tu voluntad, Padre, y eso no siempre es agradable, pero Tus deseos vienen antes que todos los demás, y yo haré lo mejor que pueda por dar honra a Tu nombre, todos los días de mi vida.

Jerusalén

Y salió tu renombre entre las naciones a causa de tu hermosura; porque era perfecta, a causa de mi hermosura que yo puse sobre ti,… Pero confiaste en tu hermosura.

Ezequiel 16:14-15

Tu ciudad elegida, Jerusalén, era Hermosa debido a Tu hermosura, Padre, una ciudad hecha perfecta por medio de Ti. Su fama se difundió por todo el mundo y, como sucede a menudo, sus habitantes comenzaron a darse ellos mismos el crédito por la hermosura de la ciudad, olvidándose que su verdadero cimiento descansaba en Ti y creyendo que su hermosura era, de alguna forma, evidencia de sus esfuerzos. Tiendo a hacer lo mismo hoy, dándome el crédito por lo que no he creado por mí misma. Por favor, no me dejes caer en la trampa del falso orgullo. Por muy pequeña que sea la hermosura que traigo a este mundo, ésta es sólo un diminuto reflejo de Tu hermosura, de Tu creación, de Tu perfección.

LA PERSONA DENTRO

Pues el hombre mira lo que está delante de sus ojos, pero Jehová mira el corazón.

1 Samuel 16:7

Hoy somos demasiado conscientes de la belleza externa, Señor. Se espera que nuestros cantantes, nuestros héroes, nuestros modelos de conducta, incluso nuestros políticos, satisfagan ciertos estándares de belleza. Aun peor, instintivamente confiamos en los que son bellos, sin mirar jamás más allá de sus cuerpos, como si la cabellera perfecta indicara un cerebro perfecto, o un corazón puro. Cuando nos detenemos a pensar en ello, sabemos que es tonto, pero son raras las veces en que pensamos en ello. Hazme más consciente de este error, Señor. Enséñame a ver a través de la apariencia cuando elija a mis héroes o a mi esposo. Un peinado perfecto no debe influir sobre mí de manera indebida, puede que esté reconfortando a un cerebro muy pequeño. Puede que un costoso traje italiano esté cubriendo un corazón oscuro. Ayúdame a ver más allá de la belleza, o de la falta de ella.

La belleza de la santidad

Dad a Jehová la honra debida a su nombre;
traed ofrenda, y venid delante de él;
postraos delante de Jehová en la hermosura
de la santidad.

1 Crónicas 16:29

La santidad es la verdadera belleza, no lo visto o cómo esté arreglado mi cabello, o cuán blancos y brillantes se vean mis dientes. En efecto, la santidad es Tuya, nunca mía. Yo estoy fatalmente llena de defectos, pero adoro a Aquél que es perfecto en todo, Aquél cuya gloria sola es digna de alabanza y de acción de gracias. No hay belleza que se compare a la Tuya, no hay fidelidad como la Tuya. Los pequeños vistazos de belleza que decoran mi vida son granos de arena plateada al borde de un océano incomprensible de belleza. Sólo veo uno o dos granos en toda mi vida, pero hacen que mis ojos se deslumbren y hacen que me aleje parpadeando. Te adoro en la belleza de Tu santidad.

La obra de nuestras manos

Sea la luz de Jehová nuestro Dios sobre nosotros,
y la obra de nuestras manos confirma sobre nosotros;
sí la obra de nuestras manos confirma.

Salmo 90:17

Lo que hago para ganarme la vida puede que ya sea algo secular o sagrado. La elección es mía. La clase de trabajo que haga no es importante. Puedo hacerlo todo de una manera tal que Te glorifique a Ti, Padre. Un obrero en el más humilde de los empleos es tan capaz de demostrar Tu belleza como el que trabaja en el más elevado de los cargos. La próxima vez que me sienta improductiva o inapreciada, hazme recordar que estoy trabajando para Tu gloria, no para la mía. Un poquito de Tu belleza se refleja en mi trabajo, cualquiera que éste sea. Que aquéllos con quienes trabajo siempre Te vean en mi vida y se acerquen más a Ti a través de mí.

El cántico de alabanza de María

Engrandece mi alma al Señor;
y mi espíritu se regocija en Dios mi Salvador.
Porque ha mirado la bajeza de su sierva;
pues he aquí, desde ahora me dirán
bienaventurada todas las generaciones.

Lucas 1:46-48

De todas las mujeres en el mundo, jóvenes o ancianas, ricas o pobres, de elevada o humilde posición, Tú elegiste a una joven de una provincia sin importancia y atrasada, para que diera a luz a Tu Hijo, nuestro Salvador. Su respuesta fue, de manera apropiada, un cántico de gozo y alabanza, una de las oraciones más conmovedoras en la Biblia. María comprendió que le habías dado un gran honor que se recordaría por siempre, y ella lo recibió, así como también la responsabilidad que lo acompañaba, con gozo. Tú bendices mi vida de muchas maneras cada día, Padre. Que reciba yo Tus bendiciones con un cántico de acción de gracias en mis labios.

La misericordia de Dios

*Porque me ha hecho grandes cosas el Poderoso;
Santo es su nombre, y su misericordia es
de generación en generación a los que le temen.*

Lucas 1:49-50

María se dio cuenta que su honor no era obra suya sino que venía como un regalo de Ti, Padre. Todo lo que ella había hecho era vivir en obediencia a Tus leyes lo mejor que podía, así como lo habían hecho sus padres y sus antepasados antes de ellos desde Abraham. Tú habías prometido hacer cosas poderosas por Tu pueblo. Algunas veces éste Te había obedecido y florecido; otras, había seguido ídolos y sintió el dolor de Tu ira. Sin embargo, Tu misericordia siempre está sobre aquellos que Te siguen, y sus bendiciones fluyen de Tu constante amor. Hazme consciente de Tus grandes regalos, Padre, que mi cántico alabe Tu obra en mi vida.

Esparciendo a los soberbios

Hizo proezas con su brazo; esparció a los soberbios en el pensamiento de sus corazones. Quitó de los tronos a los poderosos, y exaltó a los humildes.

Lucas 1:51-52

María sabía que no era importante a los ojos del mundo, ni de las maneras en que las personas generalmente consideran la importancia. El orgullo no tiene valor. Es un sentimiento falso de rectitud que sólo vive "en el pensamiento de sus corazones". Al elegir a María para que diera a luz a Tu Hijo, ignoraste a los soberbios y los poderosos, demostrando Tu amor por las personas sin importancia del mundo, aquéllos que siguen Tus caminos a pesar del mundo. María no reclamó parte alguna de Tu gloria. Ayúdame a entender que valoras la fidelidad y confiar en Tu amor por encima de todo lo demás, sin reclamar nada de Tu gloria como recompensa personal.

ACORDÁNDOSE DE LA MISERICORDIA

A los hambrientos colmó de bienes y a los ricos envió vacíos. Socorrió a Israel su siervo, acordándose de la misericordia de la cual habló a nuestros padres, para con Abraham y su descendencia para siempre.

Lucas 1:53-55

No solo bendijiste a María, Padre, también bendijiste a Israel, enviando a Tu Hijo para que redimiera a este pueblo al que siempre habías amado. Tu constante misericordia hacia él se había demostrado constantemente desde Abraham, aun cuando pecaba contra Ti y seguía ídolos. Ahora Tus promesas hacia él se cumplirían con el nacimiento del Salvador por medio de María. No todos aceptarían esta preciosa señal de Tu misericordia, pero el ofrecimiento se hizo para todos. No soy digna de Tus regalos de misericordia y perdón, Padre, pero los acepto con el gozo de María.

Estando allí

No me deseches en el tiempo de la vejez;
cuando mi fuerza se acabare, no me desampares.

Salmo 71:9

Llega un momento en la vida de toda mujer cuando sus padres, aquellas personas fuertes y amorosas que dieron su todo en la crianza de sus hijos, comenzarán a necesitar ayuda. Cuando ese momento llegue para mí, Padre, dame la sabiduría para entender los problemas que ellos están teniendo y las maneras, a menudo sencillas, en que puedo servirles. Muéstrame cómo hacer tiempo para ellos en mi ocupada vida ahora, para darles lo que necesitan y quieren, más mi amor y atención, tiempo con sus nietos, y mi promesa de que nunca los abandonaré. Por encima de todo, Padre, ayúdanos a encontrar el equilibrio adecuado entre la independencia y la protección que garantizará la seguridad de ellos y mantendrá la dignidad que ellos merecen tanto.

La dignidad

Honra a tu padre y a tu madre.

Éxodo 20:12

A su debido tiempo, Señor, puede que tenga que comenzar a desempeñar un papel más activo en las vidas de mis ancianos padres. Puede que mi madre necesite ayuda con las compras; puede que mi padre necesite que se convenza que ya no debe conducir. Puede que tenga que ayudar a cuadrar su chequera, o ayudar con sus inversiones. Ésta puede ser una etapa difícil para todos nosotros, especialmente si ellos creen que son una carga. Te pido Tu ayuda cuando llegue este momento. Hazme recordar que la dignidad de ellos debe conservarse siempre que yo tenga que ayudarlos. Mantenme con mucho tacto, permitiéndoles tener tanto autocontrol como les sea posible dentro de los límites de la seguridad, y honrando sus deseos por encima de los míos. Me dieron tanto; ahora es un honor para mí darles a ellos.

Inclusividad

Pero si alguna viuda tiene hijos, o nietos, aprendan éstos primero a ser piadosos para con su propia familia, y a recompensar a sus padres; porque esto es lo bueno y agradable delante de Dios.

1 Timoteo 5:4

Las hijas son por lo general las que dan el cuidado en la familia cuando los padres envejecen, pero todos tienen un cierto grado de responsabilidad. No dejes que intente llevar la carga por mi cuenta, Padre. Mis hermanos y hermanas tienen que sentirse incluidos, sin importar cuán lejos vivan. Muéstranos cómo cada uno de nosotros podemos contribuir al cuidado de nuestros padres, ya sea por medio de visitas más frecuentes, llamadas telefónicas, o ayuda financiera. No dejes que viva tanto por atender a mis padres que deje fuera a otros miembros de la familia. Todos están sufriendo ahora, incluso aquéllos que parecen indiferentes, y tengo que hacer que todos estemos unidos para que la ancianidad de mis padres sea una época de buenos recuerdos para todos.

MANOS QUE AYUDAN

Si algún creyente o alguna creyente tiene viudas, que las mantenga, y no sea gravada la iglesia, a fin de que haya lo suficiente para que las que en verdad son viudas.

1 Timoteo 5:16

A medida que mis padres envejecen y necesitan más y más ayuda de mi parte, recuérdame que hay otra ayuda disponible, Padre. Los acompañantes a medio tiempo o las enfermeras o los enfermeros pueden ayudar a aligerar las cargas de tiempo de mi familia y hacer posible que mis padres se queden en casa. Los centros para personas de la tercera edad pueden ofrecer actividades y atención de calidad para los ancianos. *Alimentos Sobre Ruedas* y otros programas similares pueden asegurar una alimentación apropiada para aquéllos que todavía viven solos. Los costos son mínimos y a menudo los cubre el seguro. Mi familia y yo proveeremos todo lo que podamos, pero no es vergonzoso pedir ayuda cuando se la necesita. Tú has provisto estos ayudantes para nosotros; usémoslos sabiamente, Señor.

Con la misma medida

Dad, y se os dará; medida buena, apretada, remecida y rebosando darán en vuestro regazo; porque con la misma medida con que medís, os volverán a medir.

Lucas 6:38

Señor, cuando horneo tengo mucho cuidado para ver que mis medidas sean exactas. Los ingredientes secos tienen que remecerse y apretarse, especialmente el azúcar rubia, o los resultados no serán tan dulces como debieran. Enséñame a ser igual de meticulosa en mi amor al prójimo. La taza de harina que le presto a mi vecina debe ser una taza llena y generosa; la ropa que dono para obras de beneficencia debe estar limpia y en buen estado, no ropa que pertenece a la basura. Mis actos de caridad dicen mucho de Ti, y quiero darte honra en todo tiempo.

Dando con gozo

Cada uno dé como propuso en su corazón:
no con tristeza, ni or necesidad,
porque Dios ama al dador alegre.

2 Corintios 9:7

Señor, algunas veces comienzo dando generosamente pero termino volviendo a guardar el billete grande en mi billetera y encontrando uno más chico para ponerlo en el plato. Otras veces veo a mis compañeros de banca dando más que yo, así que rápidamente vuelvo a cambiar los billetes porque me siento presionada a ser más generosa. Para cuando el plato se perdió de vista, no me siento alegre en absoluto. Sé que a nadie le importa lo que yo dé. Estoy presionándome y no puedo culpar a nadie más sino a mí misma. No permitas que sienta una presión social que ni siquiera está allí, Padre. Sin importar lo mucho o lo poco que pueda donar, debo darlo con gozo.

Dando en privado

Guardaos de hacer vuestra justicia delante de los hombres, para ser vistos de ellos; de otra manera no tendréis recompensa de vuestro Padre que está en los cielos.

Mateo 6:1

Padre, preferiría esperar Tu recompensa en el cielo pero, ya que soy humana, no siempre puedo esperar. ¿Puedo al menos decírselo a mi esposo? No se lo diremos a nadie más, porque mi buena acción fue realmente insignificante. Pero la sonrisa en su rostro ya es mi recompensa, ¿no es cierto? Hacer Tu obra no debe ser como mi antigua tropa de las Muchachas Exploradoras, donde teníamos que encontrar al menos una buena acción al día que informar en cada reunión. Ayúdame a vencer el impulso de darme una palmadita en la espalda a la vista de los demás y esperar a escuchar que Tú digas: "Bien hecho".

La recompensa

Entonces nacerá tu luz como el alba,
y tu salvación se dejará ver pronto;
e irá tu justicia delante de ti, y la gloria
de Jehová será tu retaguardia.

Isaías 58:8

Tú me prometes maravillosas recompensas cuando soy caritativa, Señor. Seré "huerto de riego, y como manantial de aguas, cuyas aguas nunca faltan" (Isaías 58:11). Tendré buena salud, así como también una buena reputación, y viviré una vida de justicia. Recuérdame esto la próxima vez que deje pasar un evento de beneficencia por una noche frente al televisor o que cuelgue el teléfono sin siquiera escuchar al que está llamando. No puedo responder a toda solicitud que se me hace, así que cuento contigo para que me guíes hacia dónde debo invertir mis esfuerzos de tal modo que Te dé la gloria.

El regalo de Dios

Porque un niño nos es nacido.

Isaías 9:6

Padre, cuán maravilloso es el nacimiento de cualquier bebé, sea éste mío o Tuyo. Paso horas observando cómo duerme este nuevo ser. Fue creado por mi esposo y por mí, y sin embargo, es tan diferente a nosotros. Tengo grandes sueños para el futuro de este niño. Sé que este bebé, nuestro bebé, es verdaderamente especial y oro para que sea una bendición para todo el mundo. María no conocía toda la historia del futuro de su hijo (saberlo todo podría haberle destrozado el corazón), pero sabía que Él era un regalo de Ti que bendeciría a toda Tu creación. Sé con nosotros hoy en nuestro gozo y permanece cerca mientras nos esforzamos por criar a este bebé de tal manera que Te agrade y permitirle alcanzar lo que sea que Tú has planeado para él.

Mi recompensa

He aquí, herencia de Jehová son los hijos; cosa de estima el fruto del vientre.

Salmo 127:3

Tú me equipaste para muchas cosas, Señor, y una de ellas es la capacidad para dar a luz hijos. Hiciste mi cuerpo fuerte. Me diste un esposo que quiere hijos tanto como yo. Me aseguraste que seríamos buenos padres con Tu ayuda. Debido a Tus bendiciones, este diminuto bebé se nos ha unido y nos ha hecho una familia. Sé que hay mucho trabajo que nos queda por delante en la crianza de este bebé, trabajo físico, emocional, y espiritual, pero las recompensas de la paternidad y la maternidad ya son mucho mayores que sus exigencias, incluso en los días más duros. Que Tu presencia en medio de nuestra familia bendiga a este niño a lo largo de los años por venir. Gracias, Señor. No fallaremos con este niño. Valoraremos Tu regalo.

Aleluya

Él hace habitar en familia a la estéril,
que se goza en ser madre de hijos.
Aleluya.

Salmo 113:9

No todas las mujeres tendrán hijos, Señor. Algunas nunca encuentran al hombre indicado, el hombre con el que quieran tener hijos. Algunas eligen no tener hijos. Invierten sus esfuerzos y tiempo en otras actividades y son felices con su elección, una elección que Tú les has permitido por medio de Tu regalo de la libertad. Otras tendrán dificultades y años de tristeza que puede que nunca lleven a la maternidad. Ya sea que la maternidad venga fácil, algo que no se elige, o venga más tarde de lo deseado, ayúdame a recordar que nuestras vidas son una profunda preocupación para Ti. Si está en Tu voluntad, habrá hijos. Si éste no es el camino que has elegido para una pareja, harás que sus vidas sean significativas de otras maneras. Aleluya.

Maravillosas obras

*Te alabaré; porque formidables,
maravillosas son tus obras; estoy maravillado,
y mi alma lo sabe muy bien.*

Salmo 139:14

Mi bebita conoce mi rostro, y su sonrisita curvada es el cielo para mí. Algunas personas en la familia no creen que mi bebé me sonríe ("Son gases" declaran), ni qué decir que conoce mi rostro y lo relaciona con cosas buenas, pero ella verdaderamente es una obra maravillosa. Si bien una vez fue una criaturita que buscaba alimento o consuelo, y sólo estaba preocupada con sus propias necesidades, ahora de repente sabe cómo darme consuelo a mí. No sé cómo esto sucede, Señor, pero Te agradezco por toda la obra detallada, compleja, y misteriosa que has puesto en esta bebita y por Tu decisión de dejarme ser la madre de un pequeño ser tan asombroso.

Corrigiendo en amor

Hijos, obedeced en el Señor a vuestros padres,
porque esto es justo. Honra a tu padre
y a tu madre... para que te vaya bien,
y seas de larga vida sobre la tierra.

Efesios 6:1-3

Incluso los niños pequeños tienen responsabilidades, pero Tú emparejas cuidadosamente cada mandamiento con una promesa, una táctica que la mayoría de las madres aprenden fácilmente. Esto no es soborno sino causa y efecto; los niños que obedecen y honran a sus padres encuentran la vida familiar muchísimo más placentera que aquéllos que no lo hacen. Luego Tú añades una segunda promesa que sólo puede provenir de Ti: "y seas de larga vida". Criar hijos obedientes y amorosos exige que yo muestre gentileza y paciencia, no amenazas o dureza. Oro para que me enseñes cómo suavizar cada corrección con el mismo amor que recibo de Ti, que me guías y me corriges. Que Tu paciencia y amabilidad se hagan visibles a través de mis acciones.

Los padres y la disciplina

Oíd, hijos, la enseñanza de un padre,
y estad atentos, para que conozcáis cordura.
Porque os doy buena enseñanza;
no desamparéis mi ley.

Proverbios 4:1-2

La mayor parte de la disciplina familiar proviene de mí porque estoy en casa más tiempo que mi esposo, y lo mejor es impartir la corrección sin demora. Muchos padres evitan disciplinar a sus hijos, por no querer echar a perder las pocas horas al día que pasan con ellos, pero los niños necesitan saber que sus padres se preocupan por ellos y que los aman lo suficiente como para corregirlos. Señor, ayúdame a ver cuando mi esposo necesita ayuda en esta área. No permitas que lo deje fuera de esta responsabilidad sólo porque puede que ése sea el camino fácil. Tampoco permitas que lo sobrecargue, haciendo que siempre haga el papel del "padre malo". Enséñanos a trabajar como un equipo en la crianza de nuestros hijos, compartiendo tanto los buenos tiempos como los malos.

Muchachos desenfrenados

Aun el muchacho es conocido por sus hechos,
si su conducta fuere limpia y recta.

Proverbios 20:11

Hay ciertos niños a los que no quiero dejar entrar en mi casa, pues sé que algo romperán, que al gato lo torturarán, o que le enseñarán alguna nueva forma de trasgresión a mis hijos. Estos niños no son realmente malos, sino simplemente malcriados. Nadie les ha enseñado las reglas básicas del comportamiento aceptable. Con algunos de ellos puedo trabajar con suavidad, sin tomar el lugar de sus padres, pero civilizándolos un poquito por medio del amor. A otros tendré que desterrarlos hasta que entren en razón y Tu amor alcance sus corazoncitos. Padre, oro por estos muchachos desenfrenados que necesitan tanto de Tu amor e instrucción. Muéstrame cómo puedo ayudarlos de alguna manera pequeña sin asumir los deberes de sus padres o amontonar la culpa sobre alguien.

Corderitos

Los leoncillos necesitan, y tienen hambre; pero los que buscan a Jehová no tendrán falta de ningún bien.

Salmo 34:10

Algunos niños nacen siendo leones; otros nacen siendo corderos, pero los mansos heredarán la tierra. Ésa es Tu promesa, aun cuando no la vea cumplirse en mi tiempo. Es muchísimo más difícil criar a un cordero que a un león, Padre. El león pronto aprende a abrirse paso por su cuenta, tomando lo que necesita, mientras que un cordero necesita protección y cuidado constantes. Pero algunas veces hay una sequía, y los leones están hambrientos, mientras que el pastor sigue allí para alimentar y dar de beber a los corderos. Padre, protege a mis corderos. Aliméntalos con Tu amor. Enséñame cómo pastorearlos a través de los tiempos difíciles y ayúdalos a actuar de una manera que Te agrade a Ti.

Un niño en la multitud

Y tomó a un niño, y lo puso en medio de ellos;
y tomándole en sus brazos, les dijo:
El que reciba en mi nombre a un niño
como éste, me recibe a mí.

Marcos 9:36-37

En tiempos bíblicos, a los niños no se los consideraba muy útiles sino hasta que pudieran contribuir al bienestar familiar. Pero atravesaste la multitud de adultos, incluyendo a los discípulos, para alcanzar y tomar a un niño entre Tus brazos como un ejemplo de fe. Esto debe haber sorprendido al niño, quien indudablemente había sido empujado y alejado por la multitud. Puede que no le haya parecido importante a los adultos, pero Tú conocías la importancia de la inocencia y la fe como las de un niño. La salvación yace a lo largo de ese camino. Sé que mis hijos tienen mucho que enseñarme, Señor. Ayúdame a ser receptiva a Tus lecciones, especialmente cuando las envías a través de un niño.

La redefinición de la grandeza

Y cualquiera que me recibe a mí,
recibe al que me envió; porque el que
es más pequeño entre todos vosotros,
ése es el más grande.

Lucas 9:48

Continuaste con Tu lección diciendo que cualquiera que Te recibe a Ti también recibe a Tu Padre, quien Te envió. La condición social, la educación, las riquezas, todas las cosas que la sociedad valora, no son tan importantes para Ti como la fe, la cual incluso el niño más humilde puede poseer. Éste es un concepto difícil de enseñar a los niños hoy, Señor. La sociedad alienta la adoración a figuras de los deportes y a estrellas de las canciones pop, a los ricos y los famosos. Tengo que redefinir lo que es la "grandeza" para mis hijos, y mostrarles ejemplos dignos de aquéllos que Te han recibido a Ti. Tienen que saber que hay una manera mejor y más gloriosa de vivir, una manera tan sencilla que incluso un niño pequeño puede entenderla.

El juicio

Morará el lobo con el cordero,
y el leopardo con el cabrito se acostará;
el becerro y el león y la bestia doméstica
andarán juntos, y un niño los pastoreará.

Isaías 11:6

A los niños se les puede asustar fácilmente ante la perspectiva de juicio. Saben que han pecado, al igual que nosotros, sus padres, y sienten angustia en cuanto a tener que dar cuentas, aun cuando han aceptado su salvación por medio de Ti. Nos diste este versículo para tranquilizarnos. ¿Quién tendría miedo de vivir cuando los cazadores y las presas viven juntos en perfecta paz? No habrá más guerras, no más política, no más temor, sólo el gobierno de Tu justicia por siempre. "Y un niño los pastoreará". Cuando mis hijos pregunten acerca de Tu venida, hazme recordar esta promesa para que no tengan miedo de lo que debe ser un gran día para todos nosotros.

La promesa

Porque para vosotros es la promesa,
y para vuestros hijos, y para todos
los que están lejos; para cuantos
el Señor nuestro Dios llamare.

Hechos 2:39

Pedro estaba rodeado de personas que preguntaban qué debían hacer para recibir al Espíritu Santo. Su respuesta fue simple: "Arrepentíos, y bautícese cada uno… para perdón de los pecados" (Hechos 2:38). Esta promesa nos fue dada a todos, de toda nación, de toda condición, ya sea de cerca o de lejos, tanto adultos como niños. Tú harás el llamado; todo lo que tenemos que hacer es arrepentirnos y bautizarnos. El proceso es simple para que incluso los más simples puedan entenderlo. Ayúdame a explicar esto a mis hijos, Señor. Anhelo saber que Te pertenecen a Ti, por cuanto, como lo dijo Juan: "No tengo yo mayor gozo que éste, el oír que mis hijos andan en la verdad" (3 Juan 4).

La codicia

Sean vuestras costumbres sin avaricia,
contentos con lo que tenéis ahora;
porque él dijo: No te desampararé,
ni te dejaré.

Hebreos 13:5

Es tan fácil caer en la trampa de la codicia, Señor. Hoy todo es más grande, mejor, nuevo y mejorado. El jabón "Ivory" es lo único que no viene con una nueva presentación cada año, pero todavía me limpia. Extraño la satisfacción a la antigua, que usaba los productos, cuyas bondades habían quedado comprobadas por el tiempo, y que miraba la puesta de sol en vez de las noticias de la tarde. Aun así, admito que no estoy totalmente conforme. Simplemente hay tanto a disposición, y algunas de esas cosas se ven bastante buenas. En esos días cuando un comercial tenga un poquito de efecto sobre mí, hazme recordar que tengo todo lo que realmente necesito, Señor. Lo mejor de todo, Te tengo a Ti, cuyas promesas nunca cambian, y siempre suplirás para mis verdaderas necesidades.

Un corazón alegre

El corazón alegre constituye buen remedio.

Proverbios 17:22

Conozco a una mujer cuyo corazón rebosa de alegría, Señor. Sonríe continuamente y se ríe a carcajadas, contagiándonos a todos a su alrededor con las risas. Hace que todos se sientan bien consigo mismos, sin importar cuál sea la situación, porque la preocupación de ella por los demás es auténtica. Es una mujer muy enferma pero disfruta cada momento de la vida, ya sea que éste esté lleno de gozo o de dolor, y se sobrepone a su enfermedad. Francamente no sé cómo lo hace, pero creo que su corazón alegre le ha prolongado la vida. Señor, desearía poder vivir en un gozo continuo, tal y como ella lo hace. Me gustaría que se me recuerde por mi risa, pero me temo que no son suficientes las personas que la han escuchado. Me encantaría estar satisfecha sin importar lo que se me presente en el camino. Mantén a esta mujer saludable lo mismo que feliz. El mundo la necesita.

La aflicción

*Todos los días del afligido son difíciles;
más el de corazón contento tiene
un banquete continuo.*

Proverbios 15:15

He estado afligida en mi vida, como la mayoría de las mujeres, pero Tú me ayudaste a salir de la aflicción y me invitaste a tu banquete continuo. Justo ahora sigo en Tu banquete, pero sé que la aflicción volverá. Justo ahora estoy satisfecha y cómoda, disfrutando la vida al máximo, no sé si me sentiré así cuando vuelva a pasar por pruebas, porque en realidad no tengo un corazón contento. Como la mayoría de las personas, soy la persona más feliz cuando las cosas van bien, pero cuando las cosas van mal, mi corazón no está tan contento. Ayúdame a superar esta fastidiosa duda de mí misma, Padre. Hazme recordar que Tus bendiciones son para siempre y que no tengo nada que temer. Oro por un corazón contento.

Sueños realizados

*No tenga tu corazón envidia de los pecadores,
antes persevere en el temor de Jehová
todo el tiempo; porque ciertamente hay fin,
y tu esperanza no será cortada.*

Proverbios 23:17-18

¿Por qué debe mi corazón envidiar a los pecadores? Puede que el mundo les dé ciertas ventajas, pero yo ya estoy satisfecha con mi vida, así que, ¿por qué los seguiría? Poseo todo lo que necesito, más de lo que ellos jamás disfrutarán: felicidad, gozo, amor y perdón por mis pecados. Aún así, puedo entender que hay muchos buenos cristianos cuyos sueños no se hacen realidad, Señor. Luchan por llegar a fin de mes y por proveer a sus familias, y sin embargo caminan por la vida con un corazón contento. Gracias por Tu atención a ellos, por Tu provisión, y por la promesa de que sus sueños finalmente se harán realidad. Les deseo la satisfacción que ahora yo estoy disfrutando.

La lección

Es verdad que ninguna disciplina al presente parece ser causa de gozo, sino de tristeza; pero después da fruto apacible de justicia a los que en ella han sido ejercitados.

Hebreos 12:11

Estoy bastante segura que ocasionalmente tienes que hacer todo lo posible para captar mi atención, Padre. Rara vez pienso que mis problemas puedan en efecto venir como Tu medio para corregirme cuando caigo en algún gran error, porque Te conozco como un Padre amoroso. Pero algunas veces, cuando los problemas se acumulan, simplemente tengo que detenerme y pensar: ¿Acaso hice algo que necesita corrección? Me tomo el tiempo para confesar mis faltas y pedir Tu perdón, segura de que perdonarás incluso mis pecados escondidos. Incluso si mi oración no resuelve todos mis problemas, me trae de vuelta a Ti, y tal vez ésa era la lección que tenía que aprender en primer lugar.

El niño desenfrenado

Si soportáis la disciplina,
Dios os trata como a hijos;
porque ¿qué hijo es aquel a quien
el padre no disciplina?

Hebreos 12:7

Por lo menos hay uno en cada vecindario, el niño desenfrenado que sólo piensa en sí mismo y al que nunca se le enseña que cierto comportamiento es inapropiado. No le hago ningún favor a mi hija si la dejo pensar que el mundo puede inclinarse a su voluntad. Bastante pronto el mundo le enseñará que no a la mala, y yo quedaré para curar las heridas. La vida tiene reglas, y tengo que enseñárselas a mis hijos. Ayúdame a ver cuando mis hijos necesitan de corrección suave y amorosa, y muéstrame el mejor enfoque a tomar. Permíteme ser tan amable y paciente con mis hijos como Tú lo eres conmigo, pero no me dejes caer en el error de dejarlos volverse desenfrenados.

Aceptando la corrección

He aquí, bienaventurado es el hombre a quien Dios castiga; por tanto, no menosprecies la corrección del Todopoderoso. Porque él es quien hace la llaga, y él la vendará; él hiere, y sus manos curan.

Job 5:17-18

Cuando debes corregirme, Padre, no soy feliz de inmediato. Algunas veces lucho por soltarme e ir por mi cuenta, especialmente cuando no reconozco que estoy tratando con Tu corrección. Es más fácil culpar a alguien más. Pero finalmente veo un patrón, o Tú abres mis ojos de otras maneras, y dejo de huir de Ti, porque sé que no sólo corriges, sino también sanas. Tu corrección dura sólo un momento; Tus bendiciones son eternas. Cuando me doy cuenta que Te preocupas tanto por mí y quieres ayudarme, me lleno de gratitud y estoy dispuesta a ser guiada en la dirección correcta.

La corrección del mundo

Porque esta leve tribulación momentánea produce en nosotros un cada vez más excelente y eterno peso de gloria.

2 Corintios 4:17

El mundo me "corrige" cada día, Padre, bastante a menudo injustamente y de ningún modo para mi beneficio. En ese momento, los golpes que sufro parecen ser más de lo que puedo soportar. Pero con Tu ayuda los soporto, y cuando los soporto por medio de la fe, mis acciones son ejemplos de Tu poder y Tu amor. Lo peor que el mundo puede hacer es matarme. No estoy exactamente ansiosa por ello, Padre, pero cuando llegue el momento, oro por poder soportar la muerte tan bien como soporto la vida, segura en Tu amor y mirando la salvación que Tú has prometido es mía. Hasta entonces, haré lo mejor que pueda por ser Tu testigo aquí en la tierra.

La fiesta

Estando el corazón del rey alegre del vino,
mandó a… siete eunucos… que trajesen
a la reina Vasti a la presencia del rey
con la corona regia, para mostrar a los pueblos
y a los príncipes su belleza.

Ester 1:10-11

Asuero había estado recibiendo invitados por 187 días, de los cuales los últimos siete habían sido una fiesta espléndida. Casi todos estaban intoxicados cuando el rey mandó a sus siete eunucos a traer a la reina Vasti ante los príncipes y sus convidados a la fiesta para que pudieran admirar su belleza. Para horror de todos, ella se negó a aparecer. Que la hagan desfilar a una ante un grupo de borrachos para su diversión no es algo que mujer alguna disfrutaría. Todas las mujeres tienen sus principios; ninguna merece ser tratada como una propiedad. Cuando alguien me pide que rebaje mis principios para que él o ella se sienta como de la realeza, recuérdame a Vasti y su dignidad, Señor.

DESPRECIO E IRA

Porque este hecho de la reina llegará a oídos de todas las mujeres, y ellas tendrán en poca estima a sus maridos.

Ester 1:17

Los consejeros del rey vieron el peligro en el ejemplo de la reina Vasti. Si ella podía salirse con la suya siéndole desobediente al rey, su acto ciertamente afectaría a toda mujer en el reino. Tomaría tiempo para que el chisme se esparciera, el reino era vasto, pero a su tiempo, todas las esposas habrían escuchado la historia y mirarían a sus esposos con desdén e ira. Así dijeron los sabios. Sabemos, Padre, que semejantes conclusiones amplias son tontas. La mayoría de las mujeres tienen respeto por sus esposos, y el ejemplo de la reina sólo sería un problema para los esposos duros y dominantes. Vivamos en amor y paz, sin temor a perder algo de "autoridad" que debe ganarse, no exigirse.

El exilio

Salga un decreto real de vuestra majestad...
que Vasti no venga más delante del rey Asuero;
y el rey haga reina a otra que sea mejor que ella.

Ester 1:19

Debido a que Vasti se negó a que la hicieran desfilar como una mujer de mala reputación, fue aislada del rey, su estado real como reina le fue dado a otra mujer más respetuosa. La mayoría de las mujeres ha tenido una experiencia similar en sus vidas, Señor. No estamos de acuerdo con alguien más poderoso que nosotras en el trabajo y perdemos nuestro empleo. Nos negamos a abandonar nuestros principios y las invitaciones sociales ya no nos incluyen. No estamos de acuerdo con nuestros esposos y nos hacen el vacío por uno o dos días. Algunas veces tenemos que adoptar una postura, sin importar lo que suceda. Cuando vienen estos momentos, danos el carácter y la valentía de Vasti, Señor.

Afirmando la autoridad

Pues envió cartas a todas las provincias del rey,
a cada provincial conforme a su escritura,...
que todo hombre afirmase su autoridad en su casa.

Ester 1:22

Las acciones de Asuero probablemente empeoraron las cosas. Tan sólo puedo ver la reacción de una pareja mientras leen esta noticia. La mujer se reiría de un rey cuyo orgullo estaba tan herido como para publicar semejante decreto. El hombre al principio se hincharía de rectitud, hasta que la realidad se declarara. Después de todo, no se puede legislar amor y respeto. Es tonto incluso intentarlo. Al plebeyo más humilde del reino le podía ir mejor que al rey cuando se trataba de la vida hogareña. La próxima vez que alguien exija mi respeto, recuérdame que tengo el derecho a mis propias opiniones y a mis propios principios. Cuando un esposo gobierna su casa, lo hace con el consentimiento amoroso de su esposa, no debido a alguna ley.

La evidencia

Es, pues, la fe la certeza de lo que se espera,
la convicción de lo que no se ve.

Hebreos 11:1

Señor, los astrónomos han descubierto recientemente lunas y planetas distantes que no pueden ver ni siquiera a través de los telescopios más potentes. Al observar los efectos que estos cuerpos tienen sobre otros, cambios en la órbita, por ejemplo, saben que estos cuerpos distantes simplemente *deben* estar allí o no se percibirían sus efectos. Ésta es "la convicción de lo que no se ve", tal vez incluso "la certeza de lo que se espera". Admito que no entiendo totalmente cómo los astrónomos lo hacen, pero lo encuentro consolador. Hay tanto que no entiendo acerca de Ti. Aun así, puedo ver los efectos de Tus acciones, la evidencia de que sigues activo en mi vida diaria y en las vidas de los demás. No necesito verte físicamente para creer. La evidencia de Ti está en todas partes.

Sin dudar

Pero pida con fe, no dudando nada; porque el que duda es semejante a la onda del mar, que es arrastrada por el viento y echada de una parte a otra.

Santiago 1:6

He estado en mares tempestuosos, Señor. Sé lo que es estar a la merced de las olas, y no me gusta. Si toda mi vida fuera similar a la experiencia de ser arrastrada por el viento, no sólo estaría con el ánimo por el suelo, sino que jamás iría a ninguna parte. Para mí, la fe es un barco muy grande con grandes motores y un capitán que sabe lo que está haciendo. La fe me mantiene en curso. Algunas veces dudo. No me gusta cómo se ven las olas delante de mí; temo que puede que estemos yendo en la dirección incorrecta. Pero tengo un capitán que jamás comete un error, y el barco que comanda es lo suficientemente grande y fuerte para resistir cualquier ola.

La gracia

Porque por gracia sois salvos por medio de la fe; y esto no de vosotros, pues es don de Dios.

Efesios 2:8

Algunos días me pongo petulante. Mi fe me ha librado de un mal momento. ¿No es "mi" fe maravillosa? Debo ser muy buena para tener esta fe. Luego vuelvo a pisar tierra. El que yo sea buena no tiene nada que ver con que yo tenga fe. No puedo ganar la fe; sólo puedo tomarla prestada. Mi fe es prestada y proviene de Ti. La tengo para cultivarla, hacerla crecer y disfrutarla, pero es Tu semilla, no la mía, y Tú me la das por amor, no como una recompensa por algo que haya hecho o no haya hecho en mi vida. Soy una pecadora, siempre lo seré, pero Tú me has salvado por medio de Tu regalo de la fe en Tu Hijo, Jesús, el Cristo.

VIVIENDO POR FE

Y lo que ahora vivo en la carne,
lo vivo en la fe del Hijo de Dios,
el cual me amó y se entregó
a sí mismo por mí.

Gálatas 2:20

Señor, Tú sabes que soy una miserable pecadora indigna de Tus bendiciones, ni qué decir de Tu salvación. Por mi cuenta, soy un caso perdido. Llena de alegría, salto por encima de un pecado y aterrizo justo en otro. Pero Tú me amas, viniste al mundo a salvarme, y le ruegas a Tu Padre para que perdone mis pecados y me acepte como una hija amada. Si bien mi fe es pequeña e insignificante, la Tuya es perfecta y poderosa. La vida que vivo en este momento no es el resultado de mi fe en Ti, sino de Tu fe en mí. Gracias por Tu sacrificio que me salva y me hace un ser total. Sin Tu fe perfecta, estaría condenada.

Los hermanos y las hermanas

No aborrecerás a tu hermano en tu corazón.

Levítico 19:17

Nadie sufre mi falta de respeto más a menudo que algún miembro de mi familia inmediata, Señor. Conozco a mi hermana y a mi hermano demasiado bien. Es difícil sentirse cercana a la hermana mayor que me atormentó durante años y que nunca me permitía tomar prestada su buena ropa. Mi hermanito me espiaba en todas mis citas e informaba de todo lo que veía a nuestros padres. Incluso ahora que son adultos, son capaces de herirme más que nadie porque saben exactamente qué me saca de quicio. Sé que a nuestros padres les duele esta fricción entre nosotros, Señor, y Te pido que nos ayudes a que nos llevemos un poquito mejor. Enséñame a centrarme en los buenos momentos que tuvimos juntos, no en los malos, a absorber en silencio sus pequeños comentarios sarcásticos y a concentrarme en sus puntos buenos por la paz familiar.

Los hermanos

Tomabas asiento, y hablabas contra tu hermano; contra el hijo de tu madre ponías infamia.

Salmo 50:20

Mi hermano es un blanco tan fácil, Señor. Puedo avergonzarlo en el momento que elija hacerlo. Conozco todas sus debilidades, sus secretitos, y seguro que lo que no sé lo puedo inventar y salirme con la mía. Puede que ya no se esconda debajo de su cama y llore durante las tormentas eléctricas, pero todavía no es el más valiente de la familia. Lo difamo, inventando memorias de la niñez que jamás existieron para que haya carcajadas a sus expensas. Ningún tribunal me encontraría inocente. Perdóname por tratar de este modo a un miembro de la familia a quien realmente amo. Muéstrame sus puntos buenos, por cuanto he pasado por alto u olvidado muchos de ellos. Por nuestros padres, por nosotros mismos, y por nuestros hijos, ayúdame a traer paz, perdón, y amor a nuestra familia.

Las hermanas

¿Y por qué miras la paja que está en el ojo de tu hermano, y no echas de ver la viga que está en tu propio ojo?

Mateo 7:3

Mi hermana y yo hemos estado enfrentadas desde el día que mis padres la trajeron a casa. Yo no pedí una hermana; yo pedí una muñeca nueva. En vez de ello, recibí una criaturita ruidosa y olorosa que ni siquiera sabía hablar. Me castigaron cuando ella hizo algo malo. Cuando ella me pegaba, no me dejaban devolverle el golpe. Ahora somos adultas, y todavía estoy un poquito decepcionada con ella. Al menos ahora me doy cuenta que tengo mis propios problemas, y ella no los causó. Cuando la necesito, ella está allí para ayudarme. Ayúdanos a vencer nuestro infantilismo y a enfrentar la verdad de que nos amamos la una a la otra. A ninguna se le debe echar la culpa de los problemas de la niñez de la otra.

Justicia familiar

Pero tú, ¿por qué juzgas a tu hermano?
O tú también ¿por qué menosprecias a tu hermano?
Porque todos compareceremos ante
el tribunal de Cristo.

Romanos 14:10

Entiendo que no me corresponde a mí juzgar a mi hermana o mi hermano, Señor. Cuando éramos niños, ése era el deber de nuestros padres, y ellos hicieron una labor justa con sólo unos pocos malos veredictos. Mi hermano y mi hermana de sangre merecen la misma paciencia y amor que aquéllos en mi familia cristiana. Si puedo perdonar a alguien que no es mi pariente y que me ha herido, incluso puedo ser más indulgente dentro de mi familia. Si puedo hacer caridad con los extraños, tengo que ser al menos igual de generosa con aquéllos que son mis parientes. Dame Tu guía, Señor. Revela las necesidades de mi hermano y mi hermana, ya sean éstas físicas, emocionales, o espirituales, e inclina mi corazón hacia ellas.

Los temores de la madre primeriza

Porque no nos ha dado Dios espíritu de cobardía, sino de poder, de amor y de dominio propio.

2 timoteo 1:7

Antes de que tuviera hijos, era joven e intrépida. Tenía décadas de vida por delante y nadie de quién preocuparme. Todo eso cambió cuando nació mi primer bebé. Comencé a vivir una vida más segura. Ahora sí que tenía cosas de qué preocuparme, responsabilidades que a veces parecían ser dignas de temer. A medida que me hice una madre experimentada, mis temores se fueron (aunque la preocupación siempre se queda). Vi que podía mantener a mis hijos razonablemente a salvo, que vivir en temor era una terrible pérdida de tiempo, y que me habías dado los poderes del amor y de una mente sana para guiarme. Gracias por ayudarme a vencer mis temores de madre primeriza, Señor. La vida es demasiado maravillosa para no disfrutarla.

El agotamiento

Cuando te acuestes, no tendrás temor,
sino que te acostarás,
y tu sueño será grato.

Proverbios 3:24

En efecto, el sueño era algo grato cuando había un nuevo bebé en la casa, Señor. También era algo inexistente. Mi esposo y yo vivimos con fatiga durante tres meses, yendo a tropezones en el día y anhelando una buena noche de sueño. No sólo era el llanto del bebé lo que nos mantenía despiertos, sino también la super vigilancia de los padres primerizos que nos llevaban al dormitorio del bebé cuando todo estaba demasiado silencioso. Mirando en retrospectiva esa época, puedo ver que ésa fue Tu manera de ayudarnos a establecer lazos afectivos con nuestro bebé, el campamento de entrenamiento de reclutas para la paternidad y la maternidad. Gracias por enseñarnos que podíamos manejar la paternidad y la maternidad a pesar de nuestros temores y nuestro agotamiento. Gracias por esa primera noche de sueño total, el cual en efecto fue grato.

El exilio

Porque los ojos del Señor están sobre los justos,
y sus oídos atentos a sus oraciones;
pero el rostro del Señor está contra
aquéllos que hacen el mal.

1 Pedro 3:12

No puedo imaginar cómo sería saber que Tu rostro está contra mí, Señor. Cuidarías de los justos, pero ni siquiera me verías alguna vez. Contestarías sus oraciones, pero elegirías ni siquiera escuchar las mías. No existiría para Ti. ¡Qué soledad! ¡Qué temor y qué desolación! Por supuesto que estoy agradecida por el amor y el cuidado que me muestras, pero lamento el sufrimiento de aquéllos de quienes Te has alejado. Si está en Tu voluntad, líbralos de sus malos caminos para que puedan volver a ser tocados por Tu amor, vuelvan a ser personas plenas, y regresen a la comunión con aquéllos que Te siguen.

El maligno

Por lo cual estoy seguro de que ni la muerte,
ni la vida, ni ángeles, ni principados, ni potestades,
ni lo presente, ni lo por venir, ni lo alto,
ni lo profundo, ni ninguna otra cosa creada
nos podrá separar del amor de Dios,
que es en Cristo Jesús Señor nuestro.

Romanos 8:38-39

Sé que el principal objetivo del maligno es separarme de Ti, Padre, por cualquier medio posible, y hay muchos medios posibles que él puede usar. Tengo mucho que temer de él porque soy débil, y mi fe es imperfecta. Pero ésta es una batalla que él nunca puede ganar. Nunca puede él hacer que dejes de amarme. Tú enviaste a Tu Hijo para salvarme y hacerme una persona plena, y el diablo no prevalecerá. Soy Tu hija adoptada por medio de Cristo. Soy Tu hija amada. Gracias, Padre.

La virtud del perdón

No juzguéis, y no series juzgados;
no condenéis, y no seréis condenados;
perdonad, y seréis perdonados.

Lucas 6:37

Señor, es tan fácil juzgar a los demás o condenarlos. Algunas veces incluso me hace sentir bien. "Ninguna mujer decente se vestiría así", digo, pero lo que quiero decir es: "Soy una mujer decente porque me visto apropiadamente". Cuando hago esto, estoy aplicando mis estándares personales, no los Tuyos. Me estoy elevando a mí misma, no a Ti. Cada vez que me involucro en algún juicio o condenación, enfrento el peligro de que mis propios estándares se usen en contra mía. Sin embargo, el perdón siempre es una virtud. Guárdame de la tentación de hacer juicios apresurados o de condenar a los demás, Señor. Ya tengo suficiente para preocuparme con mis propios pecados y rogar Tu perdón por ellos.

La oración que limpia

Y cuando estéis orando, perdonad,
si tenéis algo contra alguno, para que también
vuestro Padre que está en los cielos os
perdone a vosotros vuestras ofensas.

Marcos 11:25

Señor, explicaste bien claro que el perdón es una preparación vital para la adoración. De hecho, debe venir antes que mis otras oraciones, ya que el perdón de mis pecados depende de mi perdón a los demás. Si voy a los servicios de la iglesia sin haber perdonado, coloco un control de carretera entre Tú y yo, y eso es lo último que quiero hacer, ya que sólo Tú puedes perdonarme. Perdonar a aquéllos que me han hecho mal no es algo que disfrute, pero simplemente es buena higiene, como lavarme las manos antes de comer. Hazme recordar esto cada vez que vaya a adorar, Señor. Dame la fuerza para perdonar a los demás para que Tú perdones mis propias ofensas.

Mi guía

Porque si perdonáis a los hombres sus ofensas, os perdonará también a vosotros vuestro Padre celestial.

Mateo 6:14

Necesito que se me perdone por mis pecados, Padre; son muchos, y me impiden tener comunión contigo. Pero me encuentro en un verdadero problema si tengo que perdonar a aquéllos que me han herido profundamente. Puedo decir las palabras: "Perdono a mi hermana por lo que dijo", pero en el fondo de mi mente escucho, *No, no puedo. No en realidad.* No quiero añadir la mentira a mis pecados, entonces, ¿qué puedo hacer? Necesito Tu ayuda, Padre. No puedo perdonar de verdad algunas malas acciones por mí misma, pero Tu fortaleza es suficiente. Muéstrame el camino al verdadero perdón. Sé mi guía a lo largo de este difícil camino que me lleva a mi propio perdón, el cual necesito muchísimo.

Pecadora en serie

Y si siete veces al día pecare contra ti,
y siete veces al día volviere a ti, diciendo:
Me arrepiento; perdónale.

Lucas 17:4

Algunas personas son simplemente como niñitos que nunca parecen poder evitar ser traviesos, Señor. Le ponen una zancadilla a su hermano y se disculpan, luego corren a darle un puñetazo a su hermana, y dicen todo el tiempo: "Lo siento, mami. Lo siento". Yo no soy mucho mejor, Señor. Me sacudo un pecado, me arrepiento, y luego corro de frente hacia otro, y todo el tiempo reclamo: "Lo siento. Realmente lo siento". Y *lo* siento cada vez, al igual que mi hijo, y al igual que mi vecina. Mi única esperanza está en Ti, cuya paciencia es perfecta. Si Tú puedes perdonarme, seguramente yo puedo perdonar a mi hijo o a mi vecina, sin importar cuántas veces se tenga que perdonar. Gracias, Señor.

La paciencia

Yo soy la vid, vosotros los pámpanos;
el que permanece en mí, y yo en él,
éste lleva mucho fruto; porque separados
de mí nada podéis hacer.

Juan 15:5

Para que un árbol frutal crezca, se requiere de años de paciencia para permitir que las raíces lleguen al suelo y se establezcan. Luego la viña se fortalece, y las ramas están listas para llevar fruto. Debo permitirme el tiempo para echar raíces en Ti, Señor, antes de ver el fruto de Tu amor. El día en que me hice cristiana pensé que todo cambiaría de inmediato, pero el mundo seguía siendo el mismo al día siguiente, lo mismo que yo. No sabía que mis raíces estaban creciendo en silencio y que tomaría años antes que yo llegara a ser una cristiana madura y fructífera. Gracias por la paciencia que invertiste en mí, Señor.

Un lugar lindo y soleado

Será como árbol plantado junto a corrientes de aguas, que da su fruto en su tiempo, y su hoja no cae; y todo lo que hace, prosperará.

Salmo 1:3

Si yo fuera un árbol frutal, me gustaría que me plantaran en algún lugar lindo y soleado junto a algún río. Eso satisfaría mis necesidades más apremiantes, luz solar y agua. A otros árboles plantados en la sombra o en algún campo seco les sería más difícil, y sus frutos no serían tan buenos como los míos. El lugar donde se nos planta marca una gran diferencia. Yo estoy plantada en Ti, Señor. Me ocuparé de mantener mis raíces fuertes en Ti. Tendré paciencia, sabiendo que mi tiempo llega según Tu tiempo, y confiando que con Tu ayuda, todo fruto que produzca será bueno.

LLEVANDO FRUTO

En esto es glorificado mi Padre,
en que llevéis mucho fruto,
y seáis así mis discípulos.

Juan 15:8

Cuando fui llamada a ser Tu discípula, Señor, mi primer pensamiento fue para mi propia salvación. Un gran peso me había sido quitado de los hombros; me prometiste muchas cosas que quería y necesitaba. Todo lo que tenía que hacer era aceptar lo que me ofrecías. Fui bastante egoísta en cuanto a mi salvación. Finalmente me di cuenta que mi alma tenía otro propósito: glorificar al Padre que me había aceptado debido a Tu sacrificio. Cualquiera que sea el fruto que mi vida habría de llevar, éste sería un cántico de alabanza. Mantenme consciente de esta responsabilidad a lo largo de mi vida, Señor. Todo lo que soy y lo que hago debe señalarle el camino a los demás para que ellos también puedan disfrutar de los beneficios de la salvación y unir sus voces en alabanza a Tu Padre en el cielo.

Cantando sin palabras

Llenos de frutos de justicia que son por medio de Jesucristo, para Gloria y alabanza de Dios.

Filipenses 1:11

Cuando niña, nunca levantaba mi mano en la escuela a menos que era obvio que nadie más quería contestar. Entonces levantaba mi mano para hacer sentir mejor a mi maestra. La idea de hablar en público me enferma físicamente. Aun ahora, no puedo dar testimonio más de lo que puedo volar. Pero Tú me mostraste otras maneras de dar testimonio y de dar alabanza y gloria a Dios. Cuando ayudo a alguna vecina que está en problemas, soy Tu testigo. Cuando le cuento a algún niño acerca de Ti, estoy llevando buen fruto. Lo mismo es cierto cuando le sonrío a alguna camarera o le agradezco a mi doctor por su buena atención. Gracias por enseñarme esto, Señor. Me has mostrado cómo cantar sin palabras y cómo servir sin aviso.

Eternamente útil

*Toda la Escritura es inspirada por Dios,
y útil para enseñar, para redargüir, para corregir,
para instruir en justicia.*

2 Timoteo 3:16

Tu Palabra nos fue dada hace miles de años, en una época diferente y a personas diferentes, pero continúa siendo tan útil para nosotras como nunca antes. Cuando les diste Tu Palabra a los autores por medio de la inspiración, Nos diste un libro que permanecería por siempre porque trata con el corazón humano, no con una época y un lugar específicos. Tú querías que la Palabra fuera eternamente útil para todas las naciones, para todas las lenguas, para todas las civilizaciones. Admito que hay algunas partes de la Biblia que me desconciertan, Padre. Mi comprensión es débil. Pero cuando estoy en necesidad de guía, el primer lugar a donde recurro es la Biblia. Cualquier respuesta que necesite se encuentra allí si la busco diligentemente.

ENCONTRANDO LA COSTA

Lámpara es a mis pies tu palabra,
y lumbrera a mi camino.

Salmo 119:105

Si hay algo que necesito es una guía digna de confianza, Señor. Hay muchos consejos a mi disposición en estos tiempos modernos. La Internet está llena de ellos, algunos buenos, otros malos. Si prefiero la impresión, miles de libros se publican cada año sobre religión y ética. Incluso la televisión ofrece todo tipo de consejos para todo tipo de problemas, ya sea que me los tome a pecho o no. Yo tomo en serio todos los consejos que escucho, sería llevada como una ola de un lugar a otro sin encontrar la costa jamás. Sólo hay una manera de alcanzar el camino a la playa: confiando en Tu Palabra. Ya sea en la oscuridad o en la luz, en días buenos o malos, puedo confiar en que la luz de Tu Palabra me traerá a salvo a casa.

Alimento para bebé

*Desead, como niños recién nacidos,
la leche espiritual no adulterada,
para que por ella crezcáis para salvación.*

1 Pedro 2:2

Cuando era un bebé, trataba de comer todo lo que pudiera sostener en la mano, fuera esto bueno para mí o no. Cuando me hice cristiana, hice lo mismo. Estaba en la iglesia varios días de la semana. Leía libros de teología que no podía entender. Pasaba horas deliberando acerca de la fe con otros estudiantes. Casi me enfermo. Estaba tratando de comer la carne de la fe con dientes de bebé. Afortunadamente, un pastor amable me dio una Biblia y me dijo: "Lee esto hasta que crezcas un poquito. Ahora no eres más que una bebé cristiana". Necesitaba leche, no carne, y Tu Biblia me alimentó completamente. Incluso ahora, cuando puedo digerir todo mejor, Tu Palabra sigue siendo el mejor alimento para mí.

La guía

*Pero sed hacedores de la palabra,
y no tan solamente oidores,... mas el que mira
atentamente en la perfecta ley, la de la libertad,
y persevera en ella, no siendo oidor olvidadizo,
sino hacedor de la obra, éste será
bienaventurado en lo que hace.*

Santiago 1:22, 25

La guía es útil sólo cuando la escuchamos y actuamos en base a ella. Un viajero tonto es aquél que pide direcciones y luego se dirige en la dirección equivocada. ¿Por qué molestarse en preguntar si no va a escuchar? ¿O para qué escuchar si no se tiene intenciones de obedecer? Tu Palabra es mi guía, Señor, y Te agradezco por ella, pero algunas veces me olvido de actuar en base a lo que Tú me enseñas. ¿Para qué leer acerca de la hermandad y luego salir a difamar a mi hermana? ¿Para qué estudiar acerca del perdón si quiero mantenerme aferrada a mis rencores? Muéstrame mis errores y enséñame la manera apropiada de seguir el consejo.

El trabajo

Sale el hombre a su labor,
y a su labranza hasta la tarde.

Salmo 104:23

La supervivencia exige que trabajemos, Padre, y nuestras esperanzas de educar a nuestros hijos o de ahorrar algo para nuestros años de vejez significan que muchas mujeres ya no pueden quedarse en casa cuando sus esposos salen a trabajar. Esto nos deja a muchas de nosotras sintiéndonos en conflicto y culpables porque nuestras madres siempre estaban en casa cuando salíamos de la escuela. Aun así, si quiero enviar a mis hijos a la universidad, el trabajo debe ser parte de mi vida. Necesito un ajuste de actitud que sólo puede venir de Ti. Oro para que me permitas ser una trabajadora alegre. Resuelve mis sentimientos en conflicto. Quita la culpa que a menudo viene con la necesidad de atender a los hijos. Dame Tu paz y una comprensión de que todas las cosas obran para bien cuando sigo Tu voluntad.

Colaboradores de Dios

Porque nosotros somos colaboradores de Dios, y vosotros sois labranza de Dios, edificio de Dios.

1 Corintios 3:9

Lo mejor acerca del trabajo es saber que no estoy trabajando sola. Puede que yo plante las semillas, pero Tú las riegas. Puede que esté sacando la mala hierba, pero Tú envías el sol. Todo lo que soy y todo lo que hago es contigo, Aquél que me creó y me confirió como dones cualesquiera que sean las habilidades que tenga. Tú me das mi trabajo, cualquiera que éste pueda ser, mi dignidad y mi propósito. Tu fe en mí me habilita para continuar con mis deberes en esos días en los que de otro modo me desesperaría. Al final del día, puede que mis pies me estén matando, pero sé que estoy caminando en Tus pasos, y eso me da paz. Te agradezco por el trabajo que tengo. Que lo haga de manera tal que Te agrade y refleje Tu gloria.

Trabajando para la gloria de Dios

La obra de cada uno se hará manifiesta;... y la obra de cada uno cuál sea, el fuego la probará.

1 Corintios 3:13

Al final, Padre, Tú serás el juez de toda mi vida de trabajo, y sé que a Ti no Te importa si trabajo detrás de una caja registradora o de un escritorio de roble con un teléfono de cinco líneas. No es lo que haga lo que importa, sino cómo lo haga. ¿Soy una trabajadora alegre? ¿Soy una trabajadora honesta? ¿Soy una trabajadora cuyo amor por Ti es evidente en lo que digo y cómo trato a mis compañeros de trabajo? ¿Me preocupo más por mis hermanos y hermanas que por mi próximo cheque del sueldo? Soy Tu embajadora, Señor, y cada día trato de mostrar Tu amor hacia aquéllos que no Te conocen. Oro para que cuando llegue el momento, me encuentres digna.

La victoria

Así que, hermanos míos amados,
estad firmes y constantes, creciendo
en la obra del Señor siempre,
sabiendo que vuestro trabajo en el Señor
no es en vano.

1 Corintios 15:58

En mi trabajo diario rara vez experimento la victoria. Arreglo un lío y voy al siguiente, sabiendo que líos aún mayores me esperan a la vuelta de la esquina. Parece que en realidad jamás avanzo en cuanto a ganar alguna batalla o ver algo verdaderamente culminado. Hay unas cuantas preciosas victorias en mi trabajo. Pero Tú me alientas a seguir adelante en ello y a continuar trabajando para Ti, porque ya has ganado la victoria en la más importante de todas las batallas, la batalla por mi alma. Mis problemas diarios van y vienen; sin embargo, si me mantengo firme y dedicada, haciendo el trabajo que me has dado a hacer, tengo la confianza en que mi recompensa me está esperando. Gracias, Señor.

La fidelidad

El corazón de su marido está en ella confiado,...
le da ella bien y no mal todos los días de su vida.

Proverbios 31:11-12

Padre, por medio de su madre, le diste al rey Lemuel un buen consejo en cuanto a cómo gobernar su reino y cómo encontrar una buena esposa. Ante todo, le dijo ella, una buena esposa es alguien en quien se puede confiar. Su esposo jamás tiene que preocuparse por las intenciones o las acciones de ella, porque ella siempre será fiel y considerada. El cuidado de su familia es algo primordial para ella; ella ayuda a proveer para las necesidades de ésta por medio del trabajo de sus manos. Sus prioridades están siempre en orden. Ayúdame a vivir de tal manera que mi familia me encuentre digna de confianza, Padre. Dame fidelidad en todas las cosas, tanto las grandes como las pequeñas, para que pueda ser un ejemplo a mis hijos y una bendición a mi esposo.

FORTALEZA E INICIATIVA

Hace telas, y vende, y da cintas al mercader.
Considera los caminos de su casa,
y no come el pan de balde.

Proverbios 31:24, 27

El trabajo de la buena esposa de hacer telas es de tal calidad que le queda dinero extra cuando satisface las necesidades de su familia, así que vende su excedente en telas. Sin embargo, ella no derrocha sus ganancias, las ahorra hasta que encuentra una buena inversión. Esto significa aún más trabajo duro para ella, pero ella es fuerte y está dispuesta a asumir la responsabilidad, al tener dos empleos a tiempo completo mientras que sigue cuidando de su familia. Si bien no puedo acercarme a su perfección, sin embargo, con Tu ayuda puedo aprender a manejar las finanzas de nuestra familia tan cuidadosamente como ella lo hace. Oro para que me muestres cómo ser una mujer fuerte y amorosa.

Las recompensas del trabajo duro

Fuerza y honor son su vestidura; y se ríe de lo por venir. Abre su boca con sabiduría, y la ley de clemencia está en su lengua.

Proverbios 31:25-26

La buena esposa trae honra a su esposo y a sus hijos. Busca y provee para los pobres; todo lo que dice es sabio y amable. Justo ahora, su trabajo parece duro e incesante, pero con el tiempo ella podrá regocijarse, porque les habrá enseñado a sus hijos cómo vivir, cómo trabajar, y cómo prosperar. Las buenas obras que ella ha hecho se harán conocidas a todos, y ella servirá como el modelo de una mujer virtuosa. Cuando envejezca, Señor, que también vea los frutos de mi labor y me regocije, sabiendo que todos mis esfuerzos bien valieron el tiempo y la energía que invertí en ellos.

La llamada bienaventurada

Se levantan sus hijos y la llaman bienaventurada; y su marido también la alaba.

Proverbios 31:28

¿Qué más podría querer una esposa y una madre? Los hijos de la buena esposa han visto su duro trabajo durante toda su niñez y saben cuán bendecidos son de tenerla como su madre. A través de su ejemplo, ella les enseñó cómo vivir una vida buena y productiva que sea fructífera y segura. Debido a su cuidado, a nadie en su familia le ha faltado jamás algo. Su esposo, quien confió en ella totalmente durante todos esos años, sabe que puso su confianza en un buen lugar y no duda en alabarla públicamente delante de los ancianos de la ciudad, quienes también han visto su vida y saben que el gozo de su esposo está bien fundado. Desearía ser la mitad de competente que esta mujer, Señor, y seguiré su buen ejemplo para ayudar a mi familia a prosperar, al igual que la de ella.

Más allá de todo consuelo

Y se levantaron todos sus hijos y todas sus hijas para consolarlo; mas él no quiso recibir consuelo, y dijo: Descenderé enlutado a mi hijo hasta el Seol.

Génesis 37:35

Jacob se negó a ser consolado cuando creyó que José estaba muerto. Nada en el mundo tenía significado para él, ni sus muchos otros hijos, ni sus riquezas, incluso su Dios palidecía ante su dolor. Él se encontraba más allá de todo consuelo. Con el tiempo, todos descenderemos a este agujero negro en nuestras vidas que convierte nuestro mundo en cenizas, un lugar que todas las mujeres conocemos demasiado bien. Cuando el dolor venga a mí, Padre, sé que Tú entenderás si me alejo de todos por algún tiempo. Sé esto porque Tú sufriste del mismo modo con la muerte de Tu Hijo. A su debido tiempo, regresaré a la vid, pero por algún tiempo estaré más allá de todo consuelo.

Los tiempos

Todo tiene su tiempo, y todo lo que se quiere debajo del cielo... tiempo de llorar, y tiempo de reír; tiempo de endechar, y tiempo de bailar.

Eclesiastés 3:1, 4

De muchas maneras, el dolor es como una estación. Pasa por etapas, cada una con sus características especiales. Algunas de estas características son atroces, Señor; otras son de consuelo. Pero como los tiempos, el dolor finalmente da lugar al pesar, a la aceptación, a la comprensión, incluso al gozo por el tiempo que pasamos con la persona que perdimos. Una mujer sabia siempre está preparada para el dolor, porque nos llega a todos. Una mujer sabia también sabe que el dolor pasa con el tiempo. Sé conmigo cuando me llegue el momento de sufrir, Señor. Sostenme con Tus poderosos brazos hasta que pueda sostenerme por mí misma una vez más. Apresura el paso de mi tiempo de dolor.

El consuelo

Bienaventurados los que lloran,
porque ellos recibirán consolación.

Mateo 5:4

Puede que al principio nos neguemos a ser consolados, pero con el tiempo vemos que no es vergonzoso dejar que los demás lloren con nosotros. Nadie sabe qué decirle a alguien que está llorando, pero en realidad las palabras no son necesarias. Cuando una amiga mía pierda a un ser amado, dame la guía en cuanto a cómo puedo ayudarla mejor. Tal vez pueda ver a los niños para darle a ella un tiempo de privacidad. Tal vez ayudaría que enviara a uno de mis hijos para que corte el césped. ¿Querría ella que mi esposo la ayudara a encontrar los documentos que necesita o que le diera algún consejo financiero? Las comidas congeladas hechas en casa para unos cuantos días siempre son bienvenidas. No quiero entrometerme o parecer dominante, así que dame el tacto y la capacidad para ver lo que se necesita y cómo puedo ser de ayuda de la mejor manera.

La sanidad

Alabad a Jah,… Él sana a los quebrantados de corazón, y venda sus heridas.

Salmo 147:1, 3

En unos cuantos meses, Tu sanidad comenzará a ser obvia, Señor. Mi amiga habrá terminado con la mayor parte de las tareas necesarias que la muerte conlleva. Ella volverá al trabajo y comenzará a aparecer en la iglesia y en los eventos de la comunidad. Sus hijos se ajustarán bien. Aunque parezca que ella está volviendo a la normalidad, debo recordar que mi amiga sigue sufriendo mucho. Éste es un tiempo cuando debo escuchar cuidadosamente, Señor. Si ella necesita a alguien con quien tratar planes futuros, ponme a su disposición. Si necesita ayuda experta, permíteme ayudarla a encontrar buenos asesores. Por encima de todo, dale a ella Tu guía y apoyo cuando tome decisiones importantes en cuanto a rehacer su vida.

Perdiéndome

Te haré entender, y te enseñaré el camino en que debes andar; sobre ti fijaré mis ojos.

Salmo 32:8

Me pierdo fácilmente, Señor. Mi sentido de orientación es terrible, y los mapas simplemente me confunden. El día antes de ir a alguna cita importante, salgo para ver si las vías que conozco me llevarán a donde quiero ir, lo cual generalmente significa que me pierdo dos días seguidos. Ciertamente necesito de Tu guía en la carretera. Por supuesto que también la necesito en asuntos más importantes. Gracias por Tu promesa de guiarme en todas las cosas, grandes y pequeñas. Tus ojos siempre están observándome, guardándome del error y garantizando que siempre pueda encontrar mi camino de vuelta a casa, donde Ti, sin importar cuán a menudo me salgo del camino correcto o enfrente desvíos y callejones sin salida.

La planificación

El corazón del hombre piensa su camino;
más Jehová endereza sus pasos.

Proverbios 16:9

He hecho muchos planes en mi vida, Padre, algunos de ellos han sido tan sólo ilusiones, otros han sido muy concretos y detallados. Todos fueron muy buena disciplina mental, pero no todos resultaron de la manera que pensé que resultarían. Algunos de estos planes no me convenían en absoluto; otros me demandarían dos vidas para poder culminarlos. Aún así, es bueno tener alguna idea de hacia dónde quiero ir y de lo que necesitaré para el camino. Aunque no todos mis planes están dentro de Tu voluntad, incluso aquéllos que me parecen ser buenas ideas. Cuando no sea así, muéstrame una mejor idea, y Te agradezco por Tu guía. Mantenme en el camino correcto cuando mis propios planes son imperfectos, porque sólo Tú sabes dónde necesitas que esté hoy y mañana.

Sostén mi mano

Con todo, yo siempre estuve contigo;
me tomaste de la mano derecha.
Me has guiado según tu consejo,
y después me recibirás en gloria.

Salmo 73:23-24

A menudo soy como una niñita en una gran juguetería, corriendo de pasillo en pasillo y pidiendo todo lo que se ve bien. Algunas veces concedes mis deseos; otras veces dices que no. Como un padre amoroso, me sostienes de la mano para que no me pierda en la tienda, así como mi madre siempre lo hacía. Al igual que mi madre, me haces notar cuando mis deseos son malos o demasiado costosos para mi alma. Admito que de vez en cuando me da una rabieta, cuestionando Tu guía y queriendo salirme con la mía, pero nunca Te has equivocado. Gracias por Tu amor y Tu paciencia, por cuanto siempre necesitaré de Tu guía.

El camino

Entonces tus oídos oirán a tus espaldas palabra que diga: Éste es el camino, andad por él; y no echéis a la mano derecha, ni tampoco torzáis a la mano izquierda.

Isaías 30:21

Si la vida es como un camino en el bosque, siempre me estoy metiendo en problemas a lo largo de éste. El bosque es profundo y tenebroso, y me distraigo fácilmente. Me desvío a la izquierda para encontrar un manantial escondido, el cual escucho borbotear, sólo para perder el sendero. Sigo las huellas de un venado hasta el ocaso y apenas si encuentro refugio antes de que caiga la oscuridad de la noche. Cometo los mismos errores en el sendero de la vida, perdiendo de vista el rastro y clamando a Ti para que me encuentres antes de que sea demasiado tarde y me pierda para siempre. Gracias por encontrarme, Señor, por poner mis pies de vuelta en el sendero y por llevarme a casa.

Falta de valía

Si confesamos nuestros pecados,
él es fiel y justo para perdonar nuestros pecados,
y limpiarnos de toda maldad.

1 Juan 1:9

En mis peores días me siento totalmente indigna. Junto mi pequeño montón de pecados como ropa sucia y los agito al cielo. "¿Cómo podrías perdonar este pecado?" pregunto, repitiendo el proceso hasta que haya expuesto todos mis pecados. En mis mejores días confieso mis pecados calmadamente (exactamente los mismos pecados que tenía el día anterior), acepto Tu perdón, y sigo con mi vida sin sentir culpa. Sin embargo, sospecho que ambas reacciones a la culpa son aceptables. La confesión es confesión sin importar cómo la exprese. Tú has prometido limpiarme de toda maldad, quitar mi culpa y hacerme una persona plena si confieso mis pecados, y Te agradezco tanto por mis días buenos como por mis días malos.

La papelera vacía

Cuanto está lejos el oriente del occidente,
hizo alejar de nosotros nuestras rebeliones.

Salmo 103:12

Es bueno saber que no guardas un "archivo permanente" con mi nombre en él. Ocuparía mucho espacio. Como un buen empresario, sólo manejas un documento a la vez: lo lees, actúas en base a él, y lo tiras. O en términos más bíblicos, escuchas mi confesión, me perdonas, y luego quitas mis pecados para siempre. Los tiras en una papelera al otro extremo del mundo y quemas el contenido de ésta cada noche. Seguro que mañana regreso con otra carta. Gracias por lidiar con mis pecados a fondo, Señor, por concederme un nuevo comienzo cada día y por proclamar que si bien vale la pena salvarme a mí, no vale la pena salvar mis pecados confesados.

Mi corazón que se reprende a sí mismo

Pues si nuestro corazón nos reprende,
mayor que nuestro corazón es Dios,
y él sabe todas las cosas.

1 Juan 3:20

¿La culpa? La conozco bien. Vive en mi corazón y trata de convencerme que nunca podrías amarme tanto como amas a personas que son mucho mejores que yo. Mi corazón me dice que apenas si tengo una nota aprobatoria, debo olvidarme del cuadro de honor. Yo no alabaré en el cielo; probablemente estaré lustrando la plata y el oro todo el día. Pero Tú eres más grande que mi corazón, Padre, y no Te engañas cuando mi corazón está equivocado. Tú sabes todo lo que fue y todo lo que todavía queda por venir. Tú perdonas mis pecados y me haces mucho mejor de lo que mi corazón que se reprende a sí mismo cree que soy. Libérame de mi culpa inútil. Sería un honor para mí lustrar Tu plata por toda la eternidad.

Un nuevo día

De modo que si alguno está en Cristo,
nueva criatura es; las cosas viejas pasaron;
he aquí todas son hechas nuevas.

2 corintios 5:17

Cada día logro volver a comenzar, fresca y limpia, porque soy una nueva persona luego de haber confesado mis pecados y de haber recibido Tu perdón. Ayer fui egoísta; hoy puedo ser desinteresada. Ayer estaba llena de engaño; hoy puedo ser honesta. Puede que vuelva a caer en mis viejos pecados de vez en cuando, pero mañana será siempre un nuevo comienzo, y lo aprenderé, aunque lentamente. Tengo toda una vida de días nuevos que gastar de la manera que elija, y Te agradezco por ello, porque una que otra vez tengo que hacerlo mal. Cuando eso sucede, Tú limpias la pizarra con el alba y me alientas a intentarlo de nuevo. Gracias por Tu inagotable perdón.

Guerreras de oración

*Confesaos vuestras ofensas unos a otros,
y orad unos por otros, para que seáis sanados.
La oración eficaz del justo puede mucho.*

Santiago 5:16

Hay guerreros de oración por todo el mundo, la mayoría de ellos mujeres, quienes oran a diario por la salud de todos los que sufren o que están en necesidad, ya sea que los conozcan en persona o no. Hacen su trabajo absolutamente en silencio, algunas veces de manera grupal, a menudo, de manera individual. Si he confesado mis pecados y he sido perdonada, en algún lugar, alguien estará orando por mí, incluso de una manera general. Ni siquiera sé si estoy en sus oraciones y puede que nunca sospeche que mi sanidad vino por medio de estos guerreros. Bendice a estas personas de oración y generosas, Señor. Recompénsalas por sus esfuerzos a favor de todos los creyentes que están enfermos, y asegúrales que sus esfuerzos no son en vano.

Creer

¿Creéis que puedo hacer esto? Ellos dijeron:
Sí, Señor. Entonces les tocó los ojos, diciendo:
Conforme a vuestra fe os sea hecho.
Y los ojos de ellos fueron abiertos.

Mateo 9:28-30

Puede que ore día y noche por sanidad, pero sin creer en Aquél a quien le estoy orando, mis palabras son en vano. "Conforme a vuestra fe os sea hecho" es una gran promesa. También es una condición para la sanidad. Algunas veces olvido esto, Padre. Lanzo oración tras oración, tan sólo por si acaso: por si acaso estés escuchando, por si acaso nada más funcione; por si acaso puedas realmente hacer esto. En un día común y corriente, creo que Tú puedes sanarme, pero la enfermedad me atemoriza, y comienzo a matizar cada oración con puntualizaciones. Oro para que perdones mis titubeos. Fortalece mi fe y hazme una persona plena una vez más.

El sacrificio

Pues para que sepas que el Hijo del Hombre tiene potestad en la tierra para perdonar pecados... Levántate, toma tu cama, y vete a tu casa. Entonces él se levantó y se fue a su casa.

Mateo 9:6-7

Queda absolutamente fuera de toda duda que Tu Hijo tenía una fe total en Ti, Padre. Le diste el poder para perdonar pecados y para sanar, y Él no dudó en demostrar Tu gloria por medio de Su sanidad. Debió haber sabido que Sus milagros lo llevarían al sufrimiento y a la muerte. Siendo verdaderamente humano, debió haber sentido algo de temor por lo que había de venir, y sin embargo, Él sanó para mostrarnos que Tú le habías dado el poder para perdonar pecados, que todos podían ser salvos por medio de la fe, aun cuando sabía que cada sanidad lo acercaba más a la muerte. Gracias, Señor, por Tu gran sacrificio.

La angustia

¿Por qué te abates, oh alma mía, y por qué te turbas dentro de mí? Espera en Dios; porque aún he de alabarle, salvación mía y Dios mío.

Salmo 42:11

Los doctores la llaman angustia generalizada, ese molesto sentimiento de que algo está mal pero que no se puede definir. Muchas mujeres conocen este sentimiento. Parece que es nuestro trabajo preocuparnos por los demás y ver peligros que los demás jamás vislumbran. Pero Tú no me creaste para que viva con temor, sino con esperanza. Es Tu gozo cuidar de mí. ¿Quién podría hacerlo mejor? Estás con mi esposo en el largo recorrido en automóvil al trabajo. Tomas a mi hijo de la mano en el cruce peatonal. No soy responsable de todos y de todo, Tú lo eres, y sé que eres digno de confianza. Ayúdame a confiar en Ti y a confiar en Tu protección.

Los peligros reales

Por tanto, ceñid los lomos de vuestro entendimiento, sed sobrios, y esperad por completo en la gracia que se os traerá cuando Jesucristo sea manifestado.

1 Pedro 1:13

Algunas veces el peligro es demasiado real. Un hijo se enferma peligrosamente, un pariente tiene un derrame cerebral, o alguien a quien amamos tiene un accidente. Todos reaccionamos de manera diferente ante tales desastres, pero finalmente todos nos venimos abajo. Incluso aquéllos que parecen fuertes como una roca tiemblan por dentro. De alguna manera nos las arreglamos para lidiar con el problema, para mantenernos de una pieza y hacer lo que se tiene que hacer a pesar de nuestro temor y nuestro dolor. Vivimos con esperanza: primero con la esperanza de una cura, y luego, si eso falla, con la esperanza de la salvación. Cuando parezca que se ha perdido toda esperanza, Señor, sé con aquellos que sufren. Ayúdalos a que nunca abandonen la esperanza, por cuanto contigo todas las cosas son posibles.

Muriendo con esperanza

Por su maldad será lanzado el impío;
mas el justo en su muerte tiene esperanza.

Proverbios 14:32

La vida que hemos vivido puede ser un gran consuelo para aquellos que amamos cuando nos llega la hora de morir. Han disfrutado de nuestro amor; han sido testigos de nuestras buenas acciones y han visto la evidencia de nuestra fe. Están seguros en el conocimiento de que estamos contigo, aun cuando están llorando. No temen por nuestra alma, y eso quita un gran peso de sus mentes. Aun en la muerte los consolamos. Enséñame a vivir este tipo de vida, Señor. Permíteme dejar en paz, y no en temor, a aquellos que amo. Como hija, esposa, y madre, ha sido un placer para mí aliviar las cargas de aquellos a quienes amo, y me gustaría hacerlo una última vez viviendo y muriendo con esperanza.

La valentía

Esforzaos todos vosotros los que esperáis en Jehová, y tome aliento vuestro corazón.

Salmo 31:24

No soy por naturaleza una mujer valiente, Señor. Las autopistas me ponen nerviosa, pero me llevan más rápido a mi destino que las carreteras secundarias. Temo ir a la dentista, aunque ella nunca me ha hecho sufrir. Levando a mi nieto pequeño cuando un gran perro se le acerca, aun cuando el perro le mueve la cola feliz. "Te preocupas demasiado" me dicen mis hijos, y tienen razón. Nada de esto es Tu culpa, Señor. Ni siquiera creo que sea mi culpa. Simplemente es la manera como soy. Dame la valentía que necesito para controlar mis temores, Señor. Sé que me amas y que cuidas de aquellos a quienes amo mucho mejor de lo que yo podría hacerlo. Fortalece mi corazón.

Un sitio a la mesa

Hospedaos los unos a los otros sin murmuraciones.

1 Pedro 4:9

La hospitalidad involucra un esfuerzo, sea éste una cena para doce, o agregar otra papa en el guiso para un niño que no quiere comer en su casa esa noche. La hospitalidad significa saludar a los recién llegados después de los servicios en la iglesia, tal vez dándoles el nombre de una buena niñera o de una buena pizzería. Significa ir al recital de piano de mi hijo y aplaudir a cada niño, no sólo al mío. Es hacer pequeños actos de amabilidad con alegría, Señor. Tú me recibiste en Tu familia con amor y aceptación. No era digna de Tu hospitalidad, pero encontraste un sitio para mí a la mesa y me alimentaste con Tu Palabra. Ayúdame a ser tan amable con los demás como Tú lo has sido conmigo, recibiendo con alegría a todo aquél que desee cenar conmigo esta noche.

¿QUÉ PUEDO HACER?

Y si un hermano o una hermana están desnudos,
y tienen necesidad del mantenimiento de cada día,
y alguno de vosotros les dice: Id en paz,
calentaos y saciaos, pero no les dais las cosas
que son necesarias para el cuerpo,
¿de qué aprovecha?

Santiago 2:15-16

Las palabras amables son buenas, pero tienen que tener el apoyo de acciones amables. Ninguno de mis buenos deseos ni mi preocupación alimentarán a un niño hambriento o le conseguirán empleo a su padre. La hospitalidad siempre involucra *hacer* algo. Puede ser algo tan sencillo como presentar a una persona a alguna agencia que la ayude, o a algún vendedor-comprador de autos usados en quien puedan confiar. Si conozco las necesidades de alguna persona, puedo encontrar una manera de ayudarla. Señor, sé que no puedo resolver los problemas de todos. Hazme consciente de lo que puedo hacer y dame la disposición a dedicar el tiempo necesario para aliviar la carga de otra persona.

Amabilidad no recompensada

De cierto os digo que en cuanto lo hicisteis a uno de estos mis hermanos más pequeños, a mí lo hicisteis.

Mateo 25:40

Hay un dicho popular hoy que dice que no hay buena acción que quede impune. Algunas veces se siente así. Pero nadie prometió que la hospitalidad y el amor fraternal serían fáciles. Ciertamente, no hay garantía de que se recompensarían aquí en la tierra. Simplemente tengo que seguir tratando a las personas con dignidad y esperar que a cambio de ello no sienta como que me han asaltado emocionalmente. Pero Tú has prometido que un día mis buenas acciones serán recompensadas, y confío en Tu Palabra. Cuando mi actitud cínica me impida realizar actos de hospitalidad, dame la fe y la fortaleza para hacer lo que se necesita, no porque quiera recompensas sino porque es un honor hacer Tu obra.

Hospedando ángeles

No os olvidéis de la hospitalidad,
porque por ella algunos, sin saberlo,
hospedaron ángeles.

Hebreos 13:2

Cuando mi esposo me trae a casa a algún amigo del fútbol americano y lo presenta como Joe o Pete antes de que se apoderen del sofá y se coman todos los bocaditos que hay en un radio de dos cuadras, ¿pienso alguna vez que este extraño podría ser un ángel? ¿Se pintan los ángeles la cara de azul los días en que hay partido? Bueno, no lo sé, y ésa es la cuestión. Este visitante podría simplemente ser otro adicto a la televisión. Podría ser el presidente ejecutivo de alguna corporación enorme a quien le gusta visitar los barrios bajos. O, tal vez, podría ser un ángel. Señor, no me concierne en realidad que se trate, ya sea de nadie en especial o de alguien de Tu ejército. Es un invitado, y le debo hospitalidad. Ayúdame a mostrar gracia cuando sea el momento de salir al frío a comprar más papas fritas y carne seca.

EL PÁJARO SOLITARIO

Velo y soy como el pájaro solitario sobre el tejado.

Salmo 102:7

Algunos días me siento como ese pájaro solitario, Señor. Todos los demás están arremolinados alrededor del comedero para aves, cuidando de sus bebés, o revoloteando de arriba abajo en sus urgentes negocios, pero yo estoy sentada sola, simplemente observando. ¿Qué estoy buscando? ¿Encontraré alguna vez a mi propia bandada para unírmele? ¿Acaso alguien volará hacia mí y se me unirá en el techo, aliviando así esta sensación de separación que siento de manera tan aguda? Sin embargo, Tú me dices que ni un pajarito cae sin que lo notes y que yo valgo más que muchos parajitos (Mateo 10:29, 31). Me ves allí sola sobre mi techo, Señor. Sientes mi soledad, y de repente soy aceptada, y puedo cantar un cántico de gozo.

Nunca sola

Compañero soy yo de todos los que te temen y guardan tus mandamientos.

Salmo 119:63

Conozco una iglesia que se niega a ceder al temor, Señor. Sus puertas nunca están cerradas con llave, y algunas veces entro en ella de camino a casa, me siento en una banca sola y disfruto de la quietud ensombrecida. Cuando voy a los servicios allí el domingo, la iglesia está llena y nadie tiene que estar solo. La congregación me da la bienvenida con amor fraternal. Pero disfruto visitándote al final de la tarde, porque aunque puede que me esté sola en el santuario, siento la presencia de dos mil años de santos, hermanos y hermanas a quienes amas y todavía llamas por sus nombres. Nunca estoy sola debido a Ti. Mis raíces son profundas; Tu familia de la fe siempre está conmigo.

"Heme aquí"

Entonces invocarás, y te oirá Jehová;
clamarás, y dirá él: Heme aquí.

Isaías 58:9

Padre, desde mi niñez nunca me has dejado a mi suerte para que luche sola. En todos los años de mi vida has estado allí para ayudarme a llevar cualquier carga que deba llevar, sea ésta física, emocional, o espiritual. Clamo a Ti, y respondes, así como mi madre siempre lo hacía. Ella conocía mi voz y podía reconocer mi llanto de entre un murmullo de voces; Tú conoces mi corazón. Cuando clamo a Ti, estás allí, justo detrás de mi hombro, listo a levantarme si caigo, listo a sostenerme si tambaleo. Cuando mis fuerzas fallan, Tu fortaleza siempre es suficiente. Gracias por Tu constante amor y cuidado, por reconocer mi llanto y nunca dejar de rescatarme.

Aceptando el regalo

Y yo rogaré al Padre, y os dará otro Consolador,
para que esté con vosotros para siempre:...
No os dejaré huérfanos; vendré a vosotros.

Juan 14:16, 18

Señor, Tú sabes que algunas veces rechazo Tus promesas. Cuando estoy realmente sola y deprimida, nada parece hacerme sentir mejor. Sé que estás conmigo; sé que Te preocupas cuando nadie más lo hace, pero hay días en que ni siquiera eso es suficiente. La falla está en mí, no en Ti. En días como esos, hazme recordar que aunque Tus promesas pueden tomarse con libertad, todavía tengo que aceptarlas, reclamarlas, y luego vivir con fe en que son mías. Ningún regalo es verdaderamente nuestro sino hasta que lo abrimos y lo aceptamos con agradecimiento y gozo.

El ofrecimiento

Dios hace habitar en familia a los desamparados.

Salmo 68:6

Padre, aquellos que están felizmente casados no pueden entender cómo otros pueden estar felizmente solteros, así como los padres no pueden entender cómo otros pueden vivir felices sin hijos. Tú has provisto para aquellos que no quieren una solitaria existencia, que necesitan compañía y amor para suavizar las asperezas diarias de la vida, ofreciéndonos el matrimonio y la paternidad y la maternidad. No todos aceptarán este ofrecimiento, pero ésa es su decisión, y Tú respetas su libertad de elección. Yo debo hacer lo mismo, sin importar cuán fuertes sean mis sentimientos en cuanto a que se están perdiendo de algunas bendiciones maravillosas. Empujar constantemente a los demás a que encuentren a la persona indicada (olvidando cuán difícil puede ser eso) sólo nos desalienta a todos. Dame la fuerza para dejar que mis hijos tomen sus propias decisiones, sin importar cuán grande es mi anhelo personal de tener montones de nietos que iluminen mi ancianidad.

Haciendo de casamenteros

La casa y las riquezas son herencia de los padres; mas de Jehová la mujer prudente.

Proverbios 19:14

Todos los padres esperan que sus hijos se casen con alguien que no desperdicie los frutos del trabajo de ellos, pero ahora que los matrimonios arreglados son cosa del pasado, los jóvenes tienen que encontrar a sus propios cónyuges. Puede que cause un poquito de inconveniente, pero yo prefería encontrar a la persona indicada sin que nadie más se meta, especialmente mis padres. La buena noticia es que algunas veces Tú puedes ayudarnos en nuestra búsqueda, ya sea trayendo a la persona indicada de la nada, o ayudándonos a ver el atractivo de alguien a quien hemos conocido por años. Aquellos de nosotros que todavía estamos buscando, aceptamos Tu ayuda, Padre. Tú sabes lo que necesito, y confío en Tu provisión, sabiendo que siempre actúas para mi mayor beneficio y que quieres que tenga una vida feliz.

Fruto para la mesa

Tu mujer será como vid que lleva fruto a los lados de tu casa; tus hijos como plantas de olivo alrededor de tu mesa.

Salmo 128:3

Sé que una buena esposa contribuye a un buen hogar, trayendo incontables bendiciones a su esposo. El salmista habla de la esposa como proveedora de fruto para su familia, olivos y uvas para escoger, pero por supuesto se refiere a mucho más. El fruto es un lujo más difícil de cultivar y más escaso que el grano; trae dulzura y felicidad a lo que de otro modo podría ser una comida aburrida. Quiero ser como una vid fructífera junto a la casa, Señor. Con Tu ayuda puedo serlo, ya sea que el fruto que traiga sean hijos, una actitud alegre, o dinero para ayudar a proveer de alimento para mi familia. Muéstrame la mejor manera de contribuir a la felicidad de mi hogar y de mi familia.

La santificación

Porque el marido incrédulo es santificado en la mujer, y la mujer incrédula en el marido.

1 Corintios 7:14

Padre, creo que lo mejor para los creyentes es que se casen con otros creyentes. Sus metas son las mismas, sus prioridades están de acuerdo, y la vida en general tiene menos conflictos. Pero el amor tendrá su propio camino, y algunas veces los creyentes aman y se casan con no creyentes. Cuando esto sucede, debo asumir que tienes una razón para ello. Muchos cónyuges no creyentes han venido a Ti por medio del buen ejemplo de sus parejas amorosas, no por medio de su predicación o fastidiosa persistencia, sino por medio del amor que comparten y el tipo de vida que el amor hace posible. No dejes que juzgue o que me oponga rápidamente a un matrimonio que se me va de las manos. Permíteme darle tiempo al amor para que haga su labor. Puede que nunca vea el resultado que quiero, pero estoy segura que está a salvo en Tus manos.

Muchas riquezas

Hay quienes pretenden ser ricos,
y no tienen nada; y hay quienes pretenden
ser pobres, y tienen muchas riquezas.

Proverbios 13:7

Señor, el dinero está bastante escaso por aquí. Tenemos lo suficiente para arreglárnoslas, pero nada extra, no hay ahorros para emergencias o para la jubilación. Aún así, hemos podido educar a nuestros hijos, y ellos están llevando vidas buenas y útiles. Involucró mucho sacrificio hacerlos llegar hasta aquí, pero sí que valió la pena. Conozco a otras personas cuyos hijos fueron a las mejores escuelas sin ayuda financiera o préstamos y ahora están viviendo en casa y deambulando en los costosos automóviles que recibieron como regalo de graduación. Veo la decepción en los ojos de sus padres y Te agradezco por ayudarnos a criar a hijos que aprecian lo que tienen y trabajan duro por formar sus propias vidas con o sin riquezas financieras.

Las riquezas tienen alas

No te afanes por hacerte rico; sé prudente, y desiste. ¿Has de poner tus ojos en las riquezas, siendo ningunas? Porque se harán alas como alas de águila, y volarán al cielo.

Proverbios 23:4–5

A lo largo de los años he aprendido mucho acerca de las riquezas, en principio. He aprendido que cada vez que ahorro un poquito, el techo comenzará a gotear o se necesitará volver a pavimentar la entrada. Tan pronto como hago planes para las vacaciones y hago el depósito no reembolsable, uno de nosotros no podrá tener esa semana libre. Me he acostumbrado a esto, Señor; sé cómo rodar con los golpes. Habrá tiempo para ahorrar más dinero, y tomaremos otras vacaciones. De todos modos no estoy buscando riquezas. Gracias por lo que sí tengo, que es la felicidad. Ayúdame a ser sabia con el dinero que tengo y a usarlo de una manera que Te agrade.

Descanso de espíritu

Mas vale un puño lleno con descanso,
que ambos puños llenos con trabajo
y aflicción de espíritu.

Eclesiastés 4:6

Confieso que me irrito fácilmente, Señor, pero sólo son las malas pulgas de la edad, no verdadera irritación o aflicción de mi espíritu. He sido bendecida con una buena vida. Aprendí a vivir la vida sencilla cuando niña, cuando no teníamos mucho dinero pero siempre nos divertíamos. Aprendí a ser agradecida cuando mis hijos nacieron. Aprendí a dar cuando los demás me dieron. También he descubierto que el mundo está lleno de personas muy agradables que hacen lo mejor que pueden bajo las circunstancias en que se encuentran. Bueno, hay algunos canallas en el grupo, pero en general me gustan las personas. Gracias por todo lo que me has dado, Señor, por todo lo que me has enseñado, y por todos los buenos tiempos aún por venir.

ENCONTRÁNDOSE

El rico y el pobre se encuentran;
a ambos los hizo Jehová.

Proverbios 22:2

Me niego a dejar que la envidia nuble mi vida, Señor, pero algunas veces es difícil creer que tenga algo en común con los ricos. Después de todo, puedo renovar mi cocina con lo que ellos ganan en menos de un mes. Si de repente hubiera de volverme rica, ni siquiera sabría qué hacer con el dinero que me sobrara después de satisfacer mis necesidades. Realmente hay mucho que los ricos y los pobres podrían aprender unos de otros si se tomaran el tiempo, y tal vez deban hacerlo, porque todos somos Tus hijos. Te tenemos como nuestro ancestro común, el Creador que nos ama a todos. Cuando la envidia entre sigilosamente en mi corazón, permíteme ser feliz por aquéllos a quienes has bendecido, de cualquier manera. Hay más que suficiente de Tu amor para compartir.

Ester y Mardoqueo

Y el rey amó a Ester más que a todas las otras mujeres, y halló ella gracia y benevolencia delante de él más que todas las demás vírgenes; y puso la corona real en su cabeza, y la hizo reina en lugar de Vasti.

Ester 2:17

Ester debió haberse preguntado por qué su primo Mardoqueo, quien la había criado después de la muerte de sus padres, la había llevado a este rey pagano, pero sabía que Tú tenías un propósito y le fue obediente al hombre que la crió. Tal y como lo planeaste, el rey se enamoró de la joven judía y la hizo su esposa. Sabías que la obediencia y las valientes acciones de ella salvarían las vidas de todos los judíos en el reino, incluyendo la suya y la de Mardoqueo, pero ella no lo sabría sino hasta más tarde. Generalmente no sé por qué mi vida da giros repentinos para bien o para mal, Señor. Todo lo que puedo hacer es servirte fielmente, ya sea en un palacio o en un departamento, hasta que se revele Tu plan para mi vida.

Corriendo un riesgo

Cualquier hombre o mujer que entra en el patio interior para ver al rey, sin ser llamado, una sola ley hay respecto a él: ha de morir; salvo aquél a quien el rey extendiere el cetro de oro.

Ester 4:11

Amán había convencido al rey que los judíos eran una nación rebelde que debía ser destruida. Al escuchar acerca de la decisión, Mardoqueo le envío un mensaje a Ester: Ella debía convencer al rey de anular su decreto, o todos serían asesinados. El rey no había llamado por ella, y entrar sin haber sido anunciada podía costarle la vida. Ella ayunó por tres días, se armó de valor, y fue al patio interior. No tenía otra elección. Miles de vidas dependían de ella. Cuando Tu propósito me es revelado, Padre, debo aceptar mi responsabilidad y hacer Tu voluntad, aun si puede que al hacerlo sea peligroso.

La justicia

Séame dada mi vida por mi petición,
y mi pueblo por mi demanda.
Porque hemos sido vendidos,
y yo y mi pueblo, para ser destruidos,
para ser muertos y exterminados.

Ester 7:3-4

El rey estaba furioso. ¿Quién se había atrevido a hacer esto sin su consentimiento? Le había dado a Amán el poder para matar judíos, pero eso fue antes de que supiera que Ester y Mardoqueo eran judíos. Mardoqueo había salvado la vida del rey una vez; Ester era su reina. Lo habían engañado. Amán moriría, y de alguna manera el decreto sería invalidado. Padre, a menudo parece que el poder tiene la razón y no tengo oportunidad, pero Mardoqueo y Ester sabían que Tu poder puede vencer cualquier maldad que los hombres podrían planear. Cuando esté desesperada, lléname de fe en Tu justicia. Dame el valor para hablar a favor de Tu pueblo, aun cuando enfrente peligro personal al hacerlo.

La victoria

Y asolaron los judíos a todos sus enemigos.

Ester 9:5

El rey no podía retirar la orden de Amán de que se asesinara a los judíos, pero podía hacerla difícil de cumplir. Les dio a los judíos permiso para defenderse, matando a cualquiera que los atacara y apoderarse de sus bienes. "Y todos los príncipes de las provincias, los sátrapas, capitanes y oficiales del rey, apoyaban a los judíos" (Ester 9:3). Las acciones fieles de Ester y Mardoqueo no sólo los salvaron a ellos, sino también a su pueblo. La Biblia nos dice que muchos de entre los pueblos de la tierra se hacían judíos como resultado del poder que el rey les había dado (Ester 8:17). Padre, la próxima vez que enfrente el peligro por Tu causa, permíteme recordar que eres fiel en recompensar a Tu pueblo, sin importar cuánto pueda yo temer.

Sin fluctuar

Mantengamos firme, sin fluctuar,
la profesión de nuestra esperanza,
porque fiel es el que prometió.

Hebreos 10:23

Señor, con Tu sangre limpiaste mis pecados, dejándome promesas para que las disfrutara con fe hasta que regresaras a reclamarme como Tuya. Demanda paciencia vivir en fe, y confieso que algunas veces mi paciencia se debilita. Me pregunto por qué no actúas de maneras que yo pueda ver y entender. ¿Por qué hay tanta maldad y sufrimiento en este mundo que desalientan tanto a los que tienen fe como a los que no la tienen? No lo entiendo. Ayúdame a darme cuenta que mi comprensión no es necesaria para el cumplimiento de Tu plan. Tú lo entiendes todo; y yo no necesito hacer otra cosa sino tener fe. Mientras tanto, mantenme lejos de la fluctuación, Señor. Tu fidelidad es perfecta, y se hará Tu voluntad.

UN MUNDO INSTANTÁNEO

Porque os es necesaria la paciencia,
para que habiendo hecho la voluntad de Dios,
obtengáis la promesa.

Hebreos 10:36

Éste es un mundo instantáneo, Señor. Aquí no se valora mucho la paciencia. Si no obtengo lo que creo que necesito, yo misma me hago cargo y duplico mis esfuerzos, sin siquiera pensar en quedarme sentada pacientemente y esperar a que Tú actúes. Al igual que una niñita, corro de arriba abajo buscando algo que me entretenga, aun cuando sé que no es entretenimiento lo que necesito. Al igual que una niña, me meto en problemas cuando corro adelantada a Ti. En esos días cuando me vaya por mi cuenta, atráeme a Ti hasta que me calme y comience a pensar con claridad. Todo está bajo control. Todas mis necesidades han sido satisfechas. No necesito contribuir con nada más que fe y paciencia.

Sufriendo en paciencia

Pues, ¿qué gloria es, si pecando sois abofeteados, y lo soportáis? Mas si haciendo lo bueno sufrís, y lo soportáis, esto ciertamente es aprobado delante de Dios.

1 Pedro 2:20

Hay días, Señor, cuando algunos en mi familia me ven con demasiada claridad. Tengo toda una gama de fallas, y ellos me hacen recordar todas y cada una de ellas. Trato de ser paciente, pero merezco lo que tengo, así que mi paciencia allí no es precisamente una virtud. Por otro lado, algunas veces de hecho me va bien y me encuentro siendo castigada por ello. Por mucho que quiero, rara vez muestro paciencia en esos momentos. Puedo ver que sería una virtud, pero no puedo llegar a manifestarla. Dame paciencia tanto en los días buenos como en los malos, Señor. Mi juicio es imperfecto, pero el Tuyo es perfecto.

La maternidad

No nos cansemos, pues, de hacer bien;
porque a su tiempo segaremos,
si no desmayamos.

Gálatas 6:9

Las madres entienden lo que es cansarse de hacer bien y tratando de no desmayar. Cuando era una madre joven, a menudo estaba lista para una siesta a las 10:00 a.m. La hora de la siesta cada cuatro horas era tan vital para mí como lo era para la salud y el bienestar de mi bebé. Ahora mis hijos han crecido, y estoy segando las recompensas de mi paciencia, nietos y una casa tranquila. Te agradezco por todo ello, Señor, por los años agotadores y los años de paz y realización. Aprendí paciencia y resistencia a lo largo de esos años, características vitales para mi fe hoy. Debido a mi entrenamiento como madre, puede que me canse pero no me rendiré, por cuanto sé que la cosecha bien vale el esfuerzo.

La hospitalidad de Marta

Entró en una aldea; y una mujer llamada Marta le recibió en su casa. Ésta tenía una hermana que se llamaba María, la cual, sentándose a los pies de Jesús, oía su palabra.

Lucas 10:38-39

Cuán honrada debió haberse sentido Marta cuando aceptaste su ofrecimiento de hospitalidad, Señor. Al mismo tiempo, debe haber estado un poquito preocupada. ¿Había suficiente comida disponible para Ti y para los discípulos? ¿Estaba bien preparada? ¿Había suficientes tazones limpios? ¿Te gustaría lo que ella cocinó? Siempre existe la posibilidad del desastre cuando llegan invitados inesperados. Fácilmente puedo entender las preocupaciones de Marta, Señor, pero no permitas que mis preocupaciones me hagan rehuirle a ofrecer hospitalidad a cualquiera que venga en Tu nombre. De una manera u otra, me las arreglaré para conseguir poner una cena aceptable sobre la mesa.

El ruego de Marta

Pero Marta se preocupaba con muchos quehaceres, y acercándose, dijo: Señor, ¿no te da cuidado que mi hermana me deje servir sola? Dile, pues, que me ayude.

Lucas 10:40

Hacía calor en la cocina, con demasiado que hacer y muy poca ayuda. Marta veía a María sentada calmadamente a Tus pies cuando debía haber estado sudando sobre el fuego, como ella, así que Te pidió que la mandaras de vuelta a sus deberes. Muchas veces he sentido de la misma manera, Señor. Todos esos familiares perfectamente saludables están allí afuera siendo sociables cuando yo no tengo a nadie más a quien hablarle sino a una ruma de platos sucios. ¿Acaso les haría daño ayudar? En momentos como éstos, mantenme amable y llena de gracia, no amarga. Después de todo, los platos siempre pueden esperar hasta que la fiesta haya terminado.

La compasión de Jesús

Respondiendo Jesús, le dijo:
Marta, Marta, afanada y turbada
estás con muchas cosas.

Lucas 10:41

Mostraste tanta compasión cuando Marta Te pidió que enviaras a María de vuelta a su trabajo, Señor. Entendiste que ella estaba preocupada por los muchos detalles que conllevan recibir invitados. Tus palabras demostraron cuánto Te preocupabas por ella y reconociste que sabías cuán ensimismada estaba ella en brindarte una buena comida, no cualquier cosa que se echara en la olla. Esa cena era la manera en que Marta eligió mostrar su amor por Ti. Algunas veces, una palabra amable de comprensión es todo lo que necesito cuando me siento abrumada, Señor. Puede que las circunstancias no cambien, pero me siento mejor en cuanto a mis cargas cuando alguien simplemente las reconoce. Permíteme mostrar la misma compasión hacia aquellos que trabajan tan duro para mi beneficio.

La respuesta de Jesús

*Pero sólo una cosa es necesaria;
y María ha escogido la buena parte,
la cual no le será quitada.*

Lucas 10:42

Siempre Te las arreglas para mostrarnos suavemente cuando nuestras prioridades están fuera de orden, Señor. Marta estaba tan envuelta en su trabajo que no tenía tiempo para escucharte, mientras que María sabía que estar contigo y aprender lo que tenías que enseñarle debía ser su primera prioridad. Habría muchas más cenas que preparar, pero Tu tiempo en la tierra terminaría pronto. La hospitalidad significa más que buena comida; también conlleva pasar tiempo con aquellos a los que invitamos a nuestras casas. La próxima vez que me vea tan involucrada en los aspectos mecánicos de la hospitalidad que nunca pueda llegar a hablar con mis invitados, realinea mis prioridades y ayúdame a disfrutar de mi propia fiesta.

La promesa

Entonces dijo: De cierto volveré a ti;
y según el tiempo de la vida, he aquí que
Sara tu mujer tendrá un hijo... Y Abraham
y Sara eran viejos, de edad avanzada;
y a Sara le había cesado ya la costumbre
de las mujeres.

Génesis 18:10-11

Padre, a menudo pareces elegir a las mujeres más improbables para que den a luz a hombres extraordinarios, las estériles, la virgen, la mujer demasiado anciana para dar a luz. Hacer lo imposible de repente se hace bastante posible para estas mujeres. Cualquiera que sea su condición física. Tu promesa a ellas siempre se cumple, y Tu voluntad siempre encuentra su camino. Cada vez que sienta que Tus promesas son imposibles para mí, soy demasiado vieja, o demasiado pobre, o tengo demasiada poca fe, hazme recordar a estas extraordinarias mujeres de fe que hicieron Tu voluntad y vieron Tus promesas para ellas cumplidas a pesar de los obstáculos en contra. Haz de la fe de ellas mi ejemplo y líbrame de la duda.

Sara se rió

Entonces Jehová dijo a Abraham:
¿Por qué se ha reído Sara diciendo:
¿Será cierto que he de dar a luz siendo ya vieja?
¿Hay para Dios alguna cosa difícil?

Génesis 18:13-14

Sara se mantenía al margen en la tienda, pero escuchó Tu promesa a Abraham con bastante claridad. Abraham tenía 100 años, y ella tenía 90, pero acababas de prometer que tendrían un hijo. Se trataba de personas normales en casi todo aspecto, y la imposibilidad física y humana de Tu promesa simplemente fue demasiado para ellos. Ambos se rieron ante la noticia (Génesis 17:17). Cuando nos tomas por sorpresa y nos ofreces una promesa mucho más allá de nuestra capacidad de comprensión, puede que nuestra primera reacción sea la de negar con nuestras cabezas y reírnos. Sabemos que nada es imposible para Ti, somos nosotros lo que estamos dudando. Te rogamos que tengas paciencia con nosotros.

La promesa cumplida

Visitó Jehová a Sara, como había dicho,
e hizo Jehová con Sara como había hablado.
Y Sara concibió y dio a Abraham un hijo en su vejez, en el tiempo que Dios le había dicho.

Génesis 21:1-2

Tú prometiste que Abraham sería el padre de muchas naciones y que serías su Dios para siempre. Les darías la tierra de Canaán como una posesión eterna y nunca las dejarías en tanto ellas obedecieran Tus mandamientos. Pero antes de que Abraham pudiera ser el padre de naciones, él necesitaba ser el padre de un hijo, no del hijo de una sierva, sino del hijo de Sara, a quién Tú habías escogido. Y así fue. No podemos comenzar a entender cómo Tus promesas se cumplen, Padre, pero sabemos que nada es imposible para Ti y que todas Tus promesas se harán realidad. Todo lo que necesitamos es fe.

El poder de la fe

Por la fe también la misma Sara, siendo estéril, recibió fuerza para concebir; y dio a luz aun fuera del tiempo de la edad, porque creyó que era fiel quien lo había prometido.

Hebreos 11:11

Algunas veces me pregunto qué habría pasado si Sara no hubiese tenido la fe necesaria. Por su cuenta, ella y Abraham jamás habrían podido tener un hijo. Aunque ésto es algo discutible: Tú sabías que Sara *sí* tenía suficiente fe, o no habrías hecho la promesa. A menudo siento que carezco de fe, Señor, que debes estar diciendo promesas dirigidas para otra persona, alguien que tenga más fe y que las merezca. Oro para que me muestres el error de esta falta de respeto por mí misma. Si me das una promesa, Señor, es porque *sí* tengo la fe necesaria, sea que lo sepa o no. Todo lo que necesito es actuar en consecuencia a ella.

En el templo de mi corazón

Bendeciré abundantemente su provisión;
a sus pobres saciaré de pan.

Salmo 132:15

Dios, Tú elegiste hacer Tu hogar en Sion para siempre, donde los descendientes de David gobernarían bajo Tu Ley hasta la venida de Cristo. A cambio de la fidelidad de Sion, prometiste proveer ampliamente para los ciudadanos de la ciudad, satisfaciendo incluso a los pobres con pan. Nadie quedaría fuera en Tu hogar elegido. Ahora el tiempo ya no está, pero Tú sigues viviendo en nuestros corazones y la promesa sigue en pie. Padre, cuando esté teniendo problemas con mis finanzas, hazme recordar que siempre proveerás, de una u otra manera, para aquellos que Te aman. Dame confianza en Tus promesas para que nunca me preocupe por el bienestar de mis hijos, a quienes Tú amas aún más que yo y a quienes has prometido cuidar.

Haciendo maravillas

Comeréis hasta saciaros, y alabaréis el nombre de Jehová vuestro Dios, el cual hizo maravillas con vosotros; y nunca jamás será mi pueblo avergonzado.

Joel 2:26

Tú prometiste hacer grandes cosas por Israel, Padre, aun más de las que hiciste por él en el pasado, cuando lo sacaste de Egipto. Lo defenderías del ataque y restaurarías lo fructífero del suelo, enriqueciéndolo y garantizándole una buena vida. "Las eras se llenarán de trigo, y los lagares rebosarán de vino y aceite" (Joel 2:24). Pronto tendrían lugar eventos aterradores, pero cualquiera que apelara al nombre del Señor sería librado. "Jehová será la esperanza de su pueblo, y la fortaleza de los hijos de Israel" (3:16). Por medio de la confusión y del temor, siempre proteges y salvas a aquellos que Te aman. Tú proveerás. Tú salvarás.

Las promesas de Dios son ciertas

Ha dado alimento a los que le temen;
para siempre se acordará de su pacto.

Salmo 111:5

Padre, ya que somos humanos y con debilidades humanas, puede que olvidemos las promesas que les hacemos a nuestros hijos, pero Tú nunca Te olvidas de las promesas que nos haces a nosotros. Sigues siendo honorable y lleno de compasión, aun cuando somos débiles y nos asustamos fácilmente. Tus mandamientos permanecen para siempre, así como la redención de Tu pueblo por medio de Jesucristo. Por Tu gran misericordia, siempre provees para aquellos que Te aman y que siguen Tus caminos. Hazme recordar esto cuando esté en necesidad de alimento o refugio, Señor. Algunas veces mis necesidades parecen ser lo más importante en mi vida, pero sé que es sólo el pánico el que está hablando. Nunca más necesito entrar en pánico: Tus promesas son ciertas. Ayuda a que mi desesperación de hoy ceda ante Tu tranquilidad y Tu amor.

LA PREOCUPACIÓN

No os afanéis, pues, diciendo:
¿Qué comeremos, o qué beberemos,
o qué vestiremos?... vuestro Padre celestial sabe
que tenéis necesidad de todas estas cosas.

Mateo 6:31-32

La preocupación es nuestra emoción más inútil. Es improductiva y peligrosa. Puede que algunas veces me empuje a emprender alguna acción para salvarme, pero aun entonces no hay garantía alguna de que mis acciones serán efectivas, porque no pienso racionalmente cuando la preocupación me consume. La mayor parte del tiempo, la preocupación me inhabilita, me encierra en mi habitación, me separa de aquellos que estarían dispuestos a ayudar. Me convence que soy indigna, tonta, o que no tengo perdón, todas estas mentiras del diablo, no Tus juicios. Una cosa es estar preocupada por mi futuro; dejar que la preocupación me incapacite es una falta de fe. Tú sabes lo que necesito, Señor, y Tú proveerás.

Guardando el templo

¿O ignoráis que vuestro cuerpo es templo del Espíritu Santo, el cual está en vosotros, el cual tenéis de Dios, y que no sois vuestros?

1 Corintios 6:19

El dominio propio no es una virtud generalizada hoy, Señor. Muchos pervierten el concepto convirtiéndolo en "Es mi cuerpo, y puedo hacer lo que quiera", cuando su verdadero significado es más como que "Es el cuerpo de Dios, y tengo que controlarme". Mi cuerpo es Tu templo, el hogar del Espíritu Santo, quien vive en mí y me guía. ¿Por qué querría yo alguna vez profanar este templo por algún placer fugaz? Por supuesto que soy tentada, soy totalmente humana, pero este cuerpo lo hiciste Tú para que Te glorifique a Ti, no a mí. Sé conmigo cuando sea tentada, Señor. Oro para que me muestres los verdaderos gozos del dominio propio.

El lecho matrimonial

Honroso sea en todos el matrimonio,
y el lecho sin mancilla; pero a los fornicarios
y a los adúlteros los juzgará Dios.

Hebreos 13:4

Dentro del matrimonio, no nos niegas ninguno de los placeres del cuerpo, Señor. Tenemos la libertad de demostrar nuestro amor el uno por el otro por medio de nuestros cuerpos, sin pecar, con creatividad, pasión y consentimiento mutuo. Podemos ceder al placer sin pecar, sabiendo que has provisto estas bendiciones por Tu gran amor hacia nosotros y por Tu gozo en vernos felices. Pero estas bendiciones son para el matrimonio, y Tú no tolerarás que las busquemos fuera del lecho matrimonial. Al final, aquéllos que carecen de dominio propio en estos asuntos enfrentan Tu desagrado y Tu ira. Gracias por Tu regalo de los placeres sexuales, pero enséñanos a usarlos sabiamente, según Tus deseos para nosotros. Mantennos fieles a nuestros cónyuges y a Tus leyes de dominio propio.

El Señor libra

Sabe el Señor librar de tentación a los piadosos, y reservar a los injustos para ser castigados en el día del juicio.

2 Pedro 2:9

El dominio propio no es un camino fácil de seguir. Aquellos de nosotros que tratan de seguirte saben que es un camino empinado, y que el equilibrio es inseguro. A menudo parece que los demás están al borde del camino tirando piedras bajo mis pies, sólo para verme tropezar. Si pierdo mi equilibrio y caigo, encuentran un gran placer burlándose de mí. Sin Tu ayuda, no podría alcanzar mi meta, pero Tú has prometido que estarás conmigo cuando clame por ayuda. No sé cómo librarme de la tentación, pero Tú conoces la manera de hacerlo. Has estado allí. Tú sufriste la tentación y ganaste todas Tus pruebas. Cuando tropiezo, Tus brazos me toman; si caigo, me vuelves a poner sobre mis pies y me guías para que prosiga.

Mi seguridad

Bienaventurado el varón que soporta la tentación; porque cuando haya resistido la prueba, recibirá la corona de vida, que Dios ha prometido a los que le aman.

Santiago 1:12

Todos somos tentados. Sería una mujer anormal si no fuera tentada, algún tipo de alienígena que vive en un mundo extraño donde las leyes de la naturaleza no existían. Pero no, soy totalmente humana, y conozco la tentación demasiado bien, Señor. Tú prometiste que recompensarás a aquellos que soporten la tentación y que salgan victoriosos, yo quiero esta victoria. Sé conmigo, Señor, cuando luche en esta batalla. Muéstrame el camino a la victoria cada día, porque algunas veces lo encuentro difícil de seguir. Tú conoces cada curva, cada paso en el camino, y yo Te seguiré segura todos los días de mi vida.

UNA MUJER DE VALOR

El obrero es digno de su alimento.

Mateo 10:10

Algunas veces escucho acerca de mujeres fantásticamente exitosas y siento que me paso la vida holgazaneando, Señor. Si fuera a la universidad, ¿podría ser como ellas, o es demasiado tarde? Cualquiera podría hacer mi trabajo. Nadie me echaría de menos si jamás vuelvo a aparecer en el trabajo. Luego me doy cuenta que la muchacha de secundaria a la que le enseño todo estaría perdida sin mí. También lo estaría la mujer infelizmente casada que necesita de mi hombro sobre el cual llorar. Nunca me sentaré en mi propia oficina principal, pero soy importante aquí, soy digna de mi salario. Gracias por el trabajo que me has dado, Padre, con sus oportunidades para servir a los demás y servirte a Ti. Soy una mujer de valor, y mi contribución es grande.

Un cabello

Pues aun vuestros cabellos están todos contados.

Mateo 10:30

A mi esposo le encanta este versículo, Padre. Algunas veces lo escucho refunfuñar en las mañanas y sé que está contando los cabellos que se le han caído en el lavabo, lamentando su pérdida. Él está contento que Te preocupes por cada uno de los cabellos que permanecen sobre su cabeza, pero no le agrada demasiado que su punto calvo se ensanche. Conozco este versículo como una ilustración de cuán importante soy para Ti, Padre. Si Te preocupas por algo tan pequeño como lo es un cabello, sólo puedo imaginar Tu preocupación cuando estoy enferma o sufriendo alguna pérdida. Cosas malas se me presentarán en el camino de la vida, pero estoy segura en Tu amor que nunca falla. Tu cuidado y preocupación me bendicen constantemente. Soy tan importante para Ti que incluso los cabellos de mi cabeza están todos contados.

Hijos de luz

Porque todos vosotros sois hijos de luz e hijos del día; no somos de la noche ni de las tinieblas.

1 Tesalonicenses 5:5

Aunque la noche tiene su belleza, el día con su luz me facilita estar atenta a Tu venida, Señor. Quienes Te conocemos somos hijos de luz, capaces de alumbrar el camino a la salvación de los demás porque ya hemos ido por ese camino antes. "Pero nosotros, que somos del día, seamos sobrios, habiéndonos vestido con la coraza de fe y de amor, y con la esperanza de salvación como yelmo" (1 Tesalonicenses 5:8). Tú has pagado por mi salvación con Tu muerte en la cruz; me hiciste una hija de luz para que pudiera guiar a los demás hacia Ti. Aunque no era digna en mí misma, Tú me hiciste digna, y Te lo agradezco.

LA SALVACIÓN

Y esto erais algunos; mas ya habéis sido lavados, ya habéis sido santificados, ya habéis sido justificados en el nombre del Señor Jesús, y por el Espíritu de nuestro Dios.

1 Corintios 6:11

Por mi propia cuenta, soy totalmente indigna de salvación, y nada de lo que diga o haga puede cambiar ese hecho, sin importar cuánto lo intente. Era una pecadora; soy una pecadora; siempre seré una pecadora. Pero, a pesar de mi desobediencia y terquedad, Tú me valoras, Señor. Tú crees que vale la pena salvarme, y harás todo lo posible, incluso morir en una cruz, para mostrarme Tu amor eterno. Tú lavas mis pecados. Me haces santa. Estás delante del trono de Tu Padre y me reclamas como Tuya, exenta de pecado y de juicio. Soy hecha digna por causa de Tu sacrificio. Gracias, Salvador mío.

Ministrando al Señor

Aconteció después, que Jesús iba por todas las ciudades y aldeas, predicando y anunciando el evangelio del reino de Dios, y los doce con él, y algunas mujeres que habían sido sanadas de espíritus malos y de enfermedades: María, que se llamaba Magdalena, de la que habían salido siete demonios, Juana,... y Susana, y otras muchas que le servían de sus bienes.

Lucas 8:1-3

El papel de las mujeres en Tu ministerio no es claro, pero de vez en cuando podemos captar vistazos de ellas. Así como sucedió con muchos hombres a quienes sanaste, hubo mujeres que también dejaron sus casas para seguirte, para ministrar a tus necesidades. Ellas cuidaban que tuvieras alimento y vestido, un lugar donde descansar en la noche, asumiendo esas cargas para liberarte a Ti y a los discípulos para que hicieran Tu obra. Muchas mujeres continúan con ese ministerio hoy, apoyando en silencio Tu obra, ocupándose de los detalles de la vida de la iglesia. Sólo Tú sabes quiénes son. Bendícelas y guárdalas; dales Tu recompensa por el servicio fiel.

La unción

Entonces una mujer de la ciudad,
que era pecadora,... trajo un frasco de alabastro
con perfume;... y... comenzó a regar con lágrimas
sus pies, y los enjugaba con sus cabellos;
y besaba sus pies, y los ungía con el perfume.

Lucas 7:37-38

El fariseo no lavó ni ungió Tus pies, Señor, pero una mujer pecadora hizo eso y más, lavando Tus pies con sus lágrimas, enjugándolos con su cabello, y ungiéndolos con precioso perfume. Su fe era tan obvia que le perdonaste sus pecados y la despediste en paz. No creo que yo hubiera tenido la valentía para interrumpir una cena importante y rogar por Tu perdón de una manera tan dramática, pero me gustaría honrarte en mi vida diaria. Puede que los fariseos en mi vida no me aprueben, pero es Tu perdón el que busco, no el de ellos.

Para memoria de ella

¿Por qué molestáis a esta mujer?
Pues ha hecho conmigo una buena obra.
De cierto os digo que dondequiera que se
predique este evangelio, en todo el mundo,
también se contará lo que ésta ha hecho,
para memoria de ella.

Mateo 26:10, 13

Los discípulos no aprobaron que esta mujer "desperdiciara" el precioso perfume sobre Tu cabeza, Señor. El perfume podría haberse vendido para ayudar a muchos otros. Sólo Tú Te diste cuenta que ella Te estaba ungiendo para Tu próxima muerte en la cruz. Quedaste tan conmovido por el amor y la fe de ella que le diste un lugar en Tu evangelio para que todo el mundo conozca su historia. Nunca tendré la oportunidad que ella tuvo de ungirte físicamente, pero lo hago cada día en mi corazón y sé que cuidas de mí así como lo hiciste de ella.

En la cruz

Estaban allí muchas mujeres mirando de lejos, las cuales habían seguido a Jesús desde Galilea, sirviéndole, entre las cuales estaban María Magdalena, María la madre de Jacobo y de José, y la madre de los hijos de Zebedeo.

Mateo 27:55-56

La mayoría de Tus discípulos se habían dispersado y se habían escondido, temiendo que los judíos los matarían por seguirte. Pero muchas de las mujeres se quedaron sin perder de vista Tu cruz. De todos modos, nadie se preocupaba por ellas, sólo se trataba de mujeres, tan carentes de importancia en su mundo que la mayoría de sus nombres se han perdido y no nos han llegado. Te habían servido en vida; no Te abandonarían en la muerte. Sé que les has dado su recompensa en el cielo, donde ciertamente Te sirven ahora. Recuerda a aquéllos que siguen sirviéndote hoy, que no piden gloria alguna por hacer Tu obra bien y que nunca Te abandonarán.

Labios mentirosos

El que encubre el odio es de labios mentirosos;
y el que propaga calumnia es necio.

Proverbios 10:18

La veracidad es una gran virtud a poseer, pero difícil de mantener. Algunas veces parece más fácil y menos cruel salir con una mentirita aunque nunca es una acción sabia y finalmente causará más problemas de los que vale. Pero fingir que cuidamos de una persona que no nos gusta es nada comparado con calumniarla. La calumnia es una mentira mayúscula de otra persona. Casi siempre es imposible que la víctima refute la mentira, así que el daño social puede ser permanente. Padre, si no puedo decir nada agradable acerca de alguna persona, al menos guárdame de difamarla. En el ardor de la ira, controla mi lengua, porque lo que diga entonces puede ser tan dañino a mi alma como lo es a la reputación de mi víctima.

La calumnia como deporte

Porque oigo la calumnia de muchos.

Salmo 31:13

Estamos rodeados de mentiras y calumnias. Los políticos tuercen los hechos para demostrar lo que sea que quieran demostrar. Los líderes empresariales juegan con los números hasta que éstos salgan de la manera "correcta". Pero no son sólo los poderosos los que calumnian, puedo escuchar toda una sarta de calumnias en cualquier salón de belleza o mercado. Algunas de éstas las digo como quien practica un deporte, pasándoles a los demás las mentiritas que acabo de escuchar. Me digo a mí misma que el chisme es inofensivo, al menos hasta que yo soy su víctima y experimento su dolor. Padre, no hay manera en que pueda evitar escuchar chismes y calumnias, pero no tengo que deleitarme en ellos, y menos aún esparcirlos. Cuando escuche algo que sé que a otra persona le encantaría oír, haz que me detenga y piense en ello antes de hablar. ¿Qué se ha de ganar con difundir la noticia?

"Una de las muchachas"

Al que solapadamente infama a su prójimo,
yo lo destruiré.

Salmo 101:5

No sólo se espera que no propaguemos mentiras acerca de los demás en público, Tú nos amonestas a no calumniar en privado. Decir una mentira acerca de otra persona a tan sólo una de nuestras mejores amigas es un pecado. Sé que mi amiga es incapaz de no decírsela al menos a otra persona, quien a su vez se la dirá a otra, y así sucesivamente. Padre, sé que no existe la calumnia privada. La única manera de tratarla es dejándola morir conmigo. Ayúdame a no reaccionar ante ella, y mucho menos pasarla a otra persona. Con el tiempo, las personas se darán cuenta que no estoy en el juego y cesarán de incluirme en sus chismes. Hasta entonces, guarda mi lengua y guárdame de la tentación, sin importar cuánto quiera ser "una de las muchachas".

La jauría de lobos

No habitará dentro de mi casa el que hace fraude; el que habla mentiras no se afirmará delante de mis ojos.

Salmo 101:7

Por supuesto que las mujeres no son las únicas calumniadoras por allí. Los hombres tienen su propio sistema. Es un poquito más sutil pero igual de peligroso para todos a los que les incumbe. A menudo, los hombres trepan en la escala laboral por encima de las espaldas de los demás que son víctimas de sus mentiras descaradas y de sus indirectas. Se roban las buenas ideas; las malas se atribuyen a otra persona. Algunas veces varios hombres montan un ataque desde muchos frentes al mismo tiempo, dejando a su víctima impotente, sin defensores, como un cordero rodeado de lobos. Señor, mantén a mi esposo a salvo de estos ataques. Lo que es aún más importante, guárdalo de participar en la cacería, y mantenlo inocente del daño que se inflige a los demás. Las ganancias que se obtienen de este tipo de actividades son temporales, pero Tu Palabra es para siempre.

El bien

El que halla esposa halla el bien,
y alcanza la benevolencia de Jehová.

Proverbios 18:22

Encontrar un cónyuge en tiempos bíblicos debió haber sido tan difícil como lo es hoy. Queremos a alguien con quien compartir el resto de nuestras vidas, los buenos tiempos y los malos, pero no es fácil hallar "el bien"; ciertamente es una bendición del Señor. Hoy apenas si algún hombre alardeará abiertamente ante sus amigos acerca de las admirables cualidades de su esposa. No es de machos. Más bien hablan acerca de "los viejos grilletes y cadenas". Ayúdame a darme cuenta que todo lo que mi esposo diga acerca de mí, especialmente en público, no siempre refleja sus verdaderos sentimientos. Cuando sus palabras me hieran, muéstrame cómo explicárselo y hacerle saber que valoro su respeto y su amor. Soy "el bien", merezco ser tratada con respeto.

El deber conyugal

El marido cumpla con la mujer el deber conyugal, y asimismo la mujer con el marido.

1 Corintios 7:3

Las personas cambian. Al principio, los recién casados están tan absortos el uno en el otro, que es como comer azúcar con una cuchara. Quieres cepillarte los dientes, y es tan dulce. A lo largo de los años, se acostumbran el uno al otro y sus vidas se convierten en el equivalente culinario a masticar una cáscara de limón. Hablan con brusquedad en vez de deliberar; menosprecian en vez de alabar. No tiene que ser así. Cada cónyuge le debe amabilidad al otro. Padre, cuando me escuche a mí misma menospreciando a mi esposo o le hable con aspereza, hazme recordar que Tu norma para el matrimonio es el respeto y el afecto en común. Yo he encontrado a este hombre con Tu ayuda, lo amo, y es un placer para mí hacerlo lo más feliz que me sea posible.

CORTESÍA POCO COMÚN

Por lo demás, cada uno de vosotros ame también a su mujer como a sí mismo; y la mujer respete a su marido.

Efesios 5:33

Le corresponde al marido proteger a su esposa como si se protegiera a sí mismo. El amor por sí mismo no debe ser más fuerte que su amor por su esposa. Aun hoy, muchos hombres todavía caminan en el borde de la acera para proteger a sus esposas de los salpicones de agua o de los caballos desbocados (es una vieja costumbre). Mantienen abiertas las puertas pesadas e investigan los ruidos extraños en lo profundo de la noche. A cambio de ello, nosotras las esposas debemos valorar la consideración y protección de nuestros esposos, viéndolos como las señales de amor que son. Señor, la próxima vez que me ría de la caballerosidad pasada de moda de mi esposo, hazme darme cuenta que me estoy riendo de su expresión de amor y que no le estoy dando el respeto que merece.

Vale la pena perder

Asimismo vosotras, mujeres, estad sujetas a vuestros maridos; para que también los que no creen a la palabra, sean ganados sin palabra por la conducta de sus esposas.

1 Pedro 3:1

Un hombre es una criatura extraña y maravillosa. Necesita sentir que está a cargo, incluso cuando sabe que no lo está. No puede evitarlo; así es como el Señor lo hizo, y si necesito perder uno o dos desacuerdos, considero que mi matrimonio bien vale la pérdida. No es algo vital para la imagen de mí misma, y generalmente gano a la larga. Muchos hombres han venido a Ti a través del respeto de sus esposas y por el deseo de solicitar la paz que pueden ver en las vidas de ellas. No permitas que me preocupe por la palabra *sujetas*. Tengo mejores cosas a las que puedo dedicar mi vida.

VARIEDADES DE FORTALEZA

En descanso y en reposo series salvos;
en quietud y en confianza será vuestra fortaleza.

Isaías 30:15

La fortaleza de las mujeres no es la misma que la de los hombres. En momentos de peligro, son generalmente los hombres quienes se arman y salen disparados a defender a los suyos por medio del uso de la fuerza. Las mujeres tienen sus propias maneras de prepararse para los problemas, almacenando alimento y agua, viendo que hay suficiente ropa para todos, preparando a los niños para las malas noticias. La fortaleza de los hombres es notoria y muy desenvuelta; la de las mujeres es callada y confía en el Señor. Por supuesto que esto es una generalización. Algunas mujeres luchan, algunos hombres se quedan en casa como rocas de fidelidad. Señor, hazme recordar que hay muchas maneras legítimas de responder al peligro. Si elijo luchar, concédeme Tu protección. Si elijo servir de otra manera, en silencio y confiando en Tu misericordia, eso también es fortaleza.

Nuestra fuente de fortaleza

No obstante, proseguirá el justo su camino,
y el limpio de manos aumentará la fuerza.

Job 17:9

Por mi cuenta, rara vez tengo la fuerza que necesito, Señor. La enfermedad me debilita; las preocupaciones cansan mi mente y me hacen menos productiva de lo que quiero ser. La edad finalmente derrotará mi cuerpo. Aun cuando esté físicamente en forma, sé que hay debilidad en mí. Pero Tú prometes que podré continuar en Tus caminos en tanto tenga fe, y confíe en Tus promesas. Hazme más fuerte cada día, Señor, sin importar cuán pesadas puedan ser mis cargas. Muéstrame todo el bien que has hecho por los fieles a lo largo de la historia y dame algo de Tu fortaleza cuando la mía falle. Permite que mi dependencia en Ti convierta la debilidad en fortaleza.

La impotencia

Él da esfuerzo al cansado, y multiplica las fuerzas al que no tiene ningunas.

Isaías 40:29

Algunas veces el mundo me derrota, corriendo y pisoteándome yendo sabe Dios hacia dónde. Cuidar de mi familia me agota. Luchar por sobrevivir financieramente es una pesadilla, mientras que ahorrar para mi vejez es una quimera. Si pido ayuda del gobierno, lo más probable es que no califique, aun cuando complete las páginas y páginas de formatos y documentos requeridos. Mi seguro por enfermedad nunca cubre las enfermedades que padezco, y no puedo darme el lujo de pagar por nada más, así que cuento contigo para mantenerme sana. No tengo el poder para cambiar nada de esto, y algunas veces me enojo, Señor. Por favor, aumenta mi fortaleza interior. Hazme recordar que aunque parezca impotente, Tu poder no conoce límites y Tú proveerás la fuerza que necesite para sostenerme en mi crisis actual.

TANTO SATISFECHOS COMO HAMBRIENTOS

Todo lo puedo en Cristo que me fortalece.

Filipenses 4:13

Los problemas que tengo son nada comparados con aquello por lo que Pablo pasó, sin embargo, Tú le enseñaste grandes lecciones. "Sé vivir humildemente, y sé tener abundancia; en todo y por todo estoy enseñado, así para estar saciado como para tener hambre, así para tener abundancia como para padecer necesidad" (Filipenses 4:12). El resultado de su formación fue "Todo lo puedo en Cristo que me fortalece". Algunas de Tus lecciones son dolorosas, Señor, pero lucho por absorberlas, por aprender de ellas, y por sobrevivir a ellas como una persona más completa. Algunas veces es más fácil aceptar el hecho de que sí tengo abundancia, pero incluso esa lección tiene sus costos. Que aprenda a apreciar todo lo que la vida ofrece, sabiendo que hay ganancia tanto en los tiempos fáciles como en los difíciles.

La preocupación

Porque no menospreció ni abominó la aflicción del afligido, ni de él escondió su rostro; sino que cuando clamó a él, le oyó.

Salmo 22:24

Padre, hasta ahora mis pruebas no son de gran envergadura. Tengo un hijo por el que me preocupo a veces, y un esposo con algunos problemas de salud con los que se puede lidiar. Pero sé que las cosas pueden salir mal en un instante y algunas veces me encuentro esperando que todo se venga abajo. Es importante para mí que estés conmigo cuando Te necesito. No pensarás menos de mí porque necesito Tu consuelo ni Te alejarás y fingirás que no notas mi sufrimiento. Cuando clamo a Ti, sé que escuchas, así como yo puedo escuchar a mi hijo llorar a una cuadra de distancia. Gracias por Tus promesas y tu eterno cuidado.

EN MEDIO DE LA ANGUSTIA

Si anduviere yo en medio de la angustia,
tú me vivificarás; contra la ira de mis
enemigos extenderás tu mano,
y me salvará tu diestra.

Salmo 138:7

Parece que en estos días todos caminamos en medio de la angustia, Señor. De repente tenemos enemigos que nunca supimos que lo eran, personas que prefieren el engaño y la violencia a la diplomacia. No las entendemos y ellas nos malinterpretan. Somos una nación herida, una nación enojada que lucha por mantener sus valores al mismo tiempo que sigue lidiando firmemente con aquellos que nos odian. Oramos para que guíes a los líderes de nuestra nación durante estos tiempos difíciles. Mantén a salvo a nuestros hijos e hijas en Tus brazos. Vuelve a traer paz y seguridad para todos en este mundo que sufre para que podamos aprender las lecciones de este conflicto y vivir juntos en armonía.

Mi defensa

Jehová, roca mía y Castillo mío, y mi libertador; Dios mío, fortaleza mía, en él confiaré; mi escudo, y la fuerza de mi salvación, mi alto refugio.

Salmo 18:2

No importa lo que me suceda en la vida, mis defensas se mantienen fuertes en tiempos de tribulación. No son las defensas de una fuerza armada, con todo lo necesaria que ésta pueda ser de vez en cuando; sino la de la seguridad de Tus promesas y de Tu poderosa protección. Los tiempos se ponen difíciles en este mundo. El conflicto siempre nos acompaña en alguna parte del mundo, y el conflicto trae tensión, pero la tensión nunca debe convertirse en temor o en la incapacidad para disfrutar de este maravilloso mundo que nos has dado. Oro para que siempre seas mi fortaleza, mi roca, mi salvación. Escúchame cuando clame a Ti por ayuda, por cuanto sé que me amas.

Venciendo al mundo

Estas cosas os he hablado para que en mí tengáis paz. En el mundo tendréis aflicción; pero confiad, yo he vencido al mundo.

Juan 16:33

Señor, Tú advertiste a los discípulos que el camino delante de ellos era tanto empinado como peligroso. En el transcurso de traer Tu Palabra al mundo, ellos serían los primeros mártires de la iglesia, acosados y perseguidos hasta la muerte por todos lados. Aún así, Tú los instaste a ser felices en esta vida. Aunque el mundo los tratara con maldad, Tú habías vencido al mundo, y Tu salvación les pertenecería a ellos para siempre. El poder del mundo no puede compararse contigo, y debido a Tu sacrificio, todo lo que éste puede hacernos es matar el cuerpo y liberar el alma para la vida eterna contigo.

LA DIRECCIÓN DE DIOS

Fíate de Jehová de todo tu corazón,
y no te apoyes en tu propia prudencia.
Reconócelo en todos tus caminos,
y él enderezará tus veredas.

Proverbios 3:5-6

Nunca sé qué traerá el día, Señor. Un día perfectamente común y corriente puede terminar con gloria o dolor, o puede terminar como generalmente termina un día perfectamente común y corriente. Trato de prepararme para cualquier cosa que se me presente en el camino, al menos mentalmente, pero la verdad es que, existen demasiadas posibilidades para que siquiera las pueda considerar. Todo lo que puedo hacer es poner mi confianza en Ti y vivir cada día con la fe en que Tú sabes cómo resultará todo, aun cuando yo no lo sepa. Tú me mostrarás qué dirección tomar. Me guiarás y me protegerás día a día. Tú tienes un plan, y aunque yo no lo conozca o lo entienda, yo confío en Ti.

No temas

Dios es nuestro amparo y fortaleza,
nuestro pronto auxilio en las tribulaciones.
Por tanto, no temeremos, aunque la tierra
sea removida, y se traspasen los montes
al corazón del mar.

Salmo 46:1-2

Cuando vienen los problemas, nunca tengo que enfrentarlos sola. Gracias, Señor, por estar siempre conmigo como mi amparo y fortaleza. Los amigos pueden fallar, las familias pueden separarse, y mi mundo entero puede ser remecido hasta los cimientos, dejándome aturdida y desorientada, pero Tú nunca cambias. Tus verdades son para siempre. Tú no haces caso omiso de mis preocupaciones y sigues adelante, Tú eres "nuestro pronto auxilio en las tribulaciones", firme a mi lado suceda lo que suceda, guiando mis acciones, y dándome la fuerza para continuar. Cuando todo lo demás falla, cuando los amigos y la familia me abandonan, yo pongo mi confianza en Ti y nunca quedo decepcionada.

NO SIENDO PRISIONERA DEL TEMOR

Porque sol y escudo es Jehová Dios; gracia y gloria dará Jehová. No quitará el bien a los que andan en integridad. Jehová de los ejércitos, dichoso el hombre que en ti confía.

Salmo 84:11-12

Una vez que pongo mi confianza en Ti, Padre, tengo la libertad para vivir en paz, no siendo más una prisionera del temor. Tu sol abriga mi corazón, instándome a avanzar en victoria y a disfrutar de las bendiciones que llenan mi vida. No me niegas nada que sea bueno para mí, Tu hija amada. Cuando una vez confié en los poderes terrenales, los gobiernos, el dinero, incluso el amor y la protección de los demás, a menudo quedaba decepcionada, por cuanto ellos son sólo humanos y tienen sus propias preocupaciones, las cuales anteponen a las mías. Pero Tu amor y preocupación nunca me fallan, y soy verdaderamente bendecida.

ENCONTRANDO FORTALEZA

Los que confían en Jehová son como el monte de Sion, que no se mueve, sino que permanece para siempre.

Salmo 125:1

Mi confianza en Ti no sólo trae bendiciones y paz, también me cambia para bien. Una vez fui vulnerable al temor y a la preocupación. Traté de combatir estas debilidades haciéndome cargo de mi propia vida y encontrando mi camino por mi cuenta. Yo era responsable de mí misma, cuidaba de mí. A menudo fallaba, y en respuesta al fracaso, creí que no era lo suficientemente fuerte o lo suficientemente inteligente. *Algo debe andar mal conmigo*, pensaba, y así era. Había puesto mi fe en la persona equivocada. Por mi cuenta estoy destinada al fracaso. Ahora que he puesto mi confianza en Ti, no puedo fallar, por cuanto Tú siempre eres el vencedor, y este conocimiento me hace fuerte donde una vez fui débil.

Las características de la virtud

A ser prudentes, castas, cuidadosas de su casa, buenas, sujetas a sus maridos, para que la palabra de Dios no sea blasfemada.

Tito 2:5

Mucho se pedía de las mujeres en los primeros días del cristianismo. Se esperaba que Tus seguidoras se comportaran según las normas más elevadas para servir como ejemplos de fe, para que tanto sus esposos como Tú no fueran blasfemados por las acciones de ellas. Habían de guiar a las demás mujeres a la fe por medio de sus vidas diarias. Algunas fueron más allá sirviendo como ejemplos, apoyando y siendo un complemento a Tu obra y a Tus discípulos. Señor, quiero ayudar a traer a otras a Ti para ser juzgada como una mujer virtuosa por amor a Ti, no por cualquier gloria que pudiera recibir yo. Úsame como creas conveniente, porque considero un honor cualquier trabajo que me des.

Una casa de oración

Porque mi casa será llamada casa de oración para todos los pueblos.

Isaías 56:7

Aunque este versículo se refiere a Tu templo, también se aplica a nuestras propias casas, las cuales deben servir como casas de oración para nuestra familia y nuestros amigos. Unos cuantos minutos de entrar a una casa, el espíritu de la casa se hace evidente. Algunas están llenas de luchas y conflicto. Otras son pacíficas pero se sienten vacías, totalmente seculares. Puede que la casa del cristiano sea silenciosa o ruidosa, pero la presencia del Espíritu Santo será obvia. Señor, quiero que mi casa sea Tu casa. Puede que la cena se queme, que los niños estén fuera de control, pero en medio de todo ello, nuestra casa puede ser una casa de oración, un lugar de consuelo y paz, y refugio para aquellos en necesidad. Ayúdame a hacer de nuestro hogar una bendición para todos los que entren por su puerta.

Guardando el castillo

La mujer virtuosa es corona de su marido.

Proverbios 12:4

Dicen que la casa de todo hombre es su castillo, un bastión, un lugar de refugio al final de un mal día. Les ofrece seguridad a la esposa y a los hijos de un hombre cuando éste está fuera, para que él pueda hacer su trabajo sin tener que preocuparse por ellos. Por encima de todo, es el único lugar en la tierra donde él puede hacer lo que le plazca, donde puede gobernar como un monarca (confiamos en que sea uno benevolente). O al menos así debe ser. Las esposas pueden ya sea sustentar este castillo o socavar sus cimientos. Una esposa virtuosa mantiene el castillo en buen estado y por medio de sus acciones, provee de una corona a su afortunado esposo. Ayúdame a darle a mi esposo la ayuda y el apoyo que necesita. Su vida es dura, y él merece vivir en una atmósfera de amor y seguridad.

DESPERDICIANDO EL TIEMPO

*Engañosa es la gracia, y vana la hermosura;
la mujer que teme a Jehová, ésa será alabada.*

Proverbios 31:30

Sé que los amigos van y vienen, sean éstos ricos y poderosos o simplemente personas comunes y corrientes. Rara vez vale la pena el problema de tratar de congraciarse con las "personas indicadas". No tienen nada de lo que quiero y siempre cambiarán de amigos, porque no tengo nada de lo que quieren. De manera similar, la búsqueda de belleza personal es una pérdida de tiempo. Tal vez pueda esconder el paso de los años por algún tiempo, pero al final las arrugas prevalecerán. Ayúdame a invertir mi tiempo precioso en actividades más dignas, Señor, que ofrezcan una satisfacción duradera. No estoy segura de qué me pedirás, pero estoy dispuesta a intentar todo lo que me recomiendas y a darte toda la alabanza que resulte de ello, pues te pertenece a Ti.

Los celos

Y su rival la irritaba, enojándola y entristeciéndola, porque Jehová no le había concedido tener hijos.

1 Samuel 1:6

Ana era estéril, pero la segunda esposa de su esposo no lo era y aprovechaba cada oportunidad para hacer alarde de su fertilidad y atormentar a Ana. Parte del problema era que Elcana amaba a Ana más que a la esposa que le había dado hijos. El pobre hombre estaba atrapado en medio. Ambas mujeres estaban celosas y amargadas, la una porque no podía tener hijos, la otra porque era la segunda en el corazón de su esposo. Los celos son una trampa en la que es tan fácil caer, Señor. Envenena una casa y distorsiona la realidad hasta que desaires imaginarios se convierten en dolorosas heridas. Guárdame de los celos aun cuando sea el objeto de tanta provocación como lo fue Ana, o esté tan amargada como lo estuvo Penina. Éstos no sirven a ningún propósito útil y me hacen incapaz de hacer Tu voluntad.

EL VOTO

E hizo voto, diciendo: Jehová de los ejércitos, si te dignares... y... dieres a tu sierva un hijo varón, yo lo dedicaré a Jehová todos los días de su vida.

1 Samuel 1:11

Los votos que se hagan a Ti deben cumplirse, Padre. Tú no sólo Te acuerdas de las promesas que nos haces a nosotros, jamás olvidas las promesas que Te hacemos a Ti. Ana entendía las consecuencias de su voto: Una vez que Samuel fue destetado, él tendría que dejarla y vivir en el templo. Ella sólo lo vería en el sacrificio anual, cuando le daría una túnica para el año venidero. A pesar del dolor que este voto le traería, Ana todavía deseaba un hijo y cumplió su voto. Ayúdame a tratar mis votos a Ti con la misma seriedad con que Ana lo hizo, Señor. Si se requiere sacrificios de parte mía, permíteme llevarlos con fe

El voto sigue en pie

Dio a luz un hijo, y le puso por nombre Samuel, diciendo: Por cuanto lo pedí a Jehová.

1 Samuel 1:20

Ni Ana ni Elcana olvidaron la promesa que Te hicieron a Ti. Cuando su bebé fue destetado, él iría al sacrificio anual con sus padres para nunca más volver a su hogar. Él era muy pequeño, pero ellos confiaban en que Elí se haría cargo de él. Ana y Elcana sólo verían a su bebé una vez al año cuando vinieran al templo. Estos padres debieron haber temido grandemente la llegada de ese día, pero Tú los habías bendecido con un hijo, un hijo que habían dedicado a Tu obra, y ellos estaban preparados para verlo proseguir haciendo Tu voluntad. Cuando llegue el momento en que yo entregue a mis hijos a Tu cuidado, dame la valentía para hacerlo con tanta gracia como Ana entregó a Samuel.

El sacrificio

Por este niño oraba, y Jehová me dio lo que le pedí.
Yo, pues, lo dedico también a Jehová;
todos los días que viva, será de Jehová.

1 Samuel 1:27-28

Samuel fue destetado. Ana y Elcana llevaron sus sacrificios al templo, y Samuel fue parte de ese sacrificio. Lo llevaron al sumo sacerdote y lo entregaron a la obra de Dios. Ana no estaba tan disgustada como podríamos haber imaginado. "Mi corazón se regocija en Jehová", oró. "Mi poder se exalta en Jehová" (1 Samuel 2:1). Ana cumplió su voto con gozo. Una oración contestada siempre es causa de gozo. El Señor había escuchado las oraciones de Ana, y Ana cumplió su voto, conforme con dar a su hijo al cuidado de Elí. Que yo cumpla mis votos con tanta felicidad como lo hizo Ana, Señor.

DÉBORA

Iré contigo; mas no será tuya la Gloria de la jornada que emprendes, porque en mano de mujer venderá Jehová a Sísara.

Jueces 4:9

Barac guiaría a los israelitas contra Sísara, el comandante de los cananeos con una condición: que Débora fuera con él. Débora estuvo de acuerdo de buena gana pero le advirtió a Barac que esta batalla no la ganaría él, sino una mujer. Habla a su favor el hecho que Barac no protestó ante Tu voluntad. Hay varias mujeres extraordinarias en Tu Palabra, Padre, todas obedientes a Tus mandamientos, todas mujeres fuertes. Espero que nunca se me llame a la guerra, ni a mis hijos, y que protejas a las mujeres que hoy sirven en nuestras fuerzas armadas. Han elegido una vida difícil estas hermanas de Jael, pero las harás tan fuertes y valientes como los hombres con quienes sirven en el campo de batalla.

Jael

Jael... tomó una estaca de la tienda,
y poniendo un mazo en su mano,
se le acercó calladamente y le metió la estaca
por las sienes, y la enclavó en la tierra,
pues él estaba cargado de sueño y cansado;
y así murió.

Jueces 4:21

Esto parece ser una forma brutal de ganar una guerra, pero ¿qué otra arma tenía Jael a su alcance en su tienda? Ella usó lo que tenía. Sísara se había equivocado al pensar que Jael era una mujer indefensa, pagando cara su falta de juicio. Tú sabes que a menudo se subestima a las mujeres, Señor. Algunas veces se nos llama para usar lo que tenemos a mano para protegernos y para proteger a nuestra familia o hacer Tu voluntad en algún otro asunto. Preferiríamos vivir una vida de paz, pero cuando debemos luchar por aquellos a quienes amamos, nos das la fuerza para hacer lo inimaginable.

La madre de Sísara

La madre de Sísara se asoma a la ventana,
y por entre las celosías a voces dice:
¿Por qué tarda su carro en venir?
¿Por qué las ruedas de sus carros se detienen?

Jueces 5:28

La madre de Sísara desempeñó el papel que la mayoría de las mujeres desempeña en la guerra: se quedó en casa y esperó por el retorno de su hijo. Pero se demoraba demasiado y ella se preocupó. De las tres mujeres en esta historia, el papel de ella es el más difícil. Débora tuvo Tu apoyo activo y sabía que la victoria sería Tuya. Tú ayudaste a Jael a levantarse por encima de su temor y matar a su enemigo. Pero esa noche la madre de Sísara lloraría la muerte de su hijo, y debemos acompañarla en el sentimiento, porque entendemos su dolor demasiado bien. Consuela a todas las esposas y las madres que están sentadas esperando, Señor, sin importar en qué lado luchan sus seres queridos. Dales Tu consuelo si llega la terrible noticia.

La victoria

Así perezcan todos tus enemigos, oh Jehová; mas los que te aman, sean como el sol cuando sale en su fuerza.

Jueces 5:31

En esta batalla en particular, Tú estuviste categóricamente del lado de aquellos que Te aman, y desempeñaste un papel activo en el resultado. Tus soldados brillaron como el sol cuando sale en su fuerza; no podían perder. A menudo, nuestras batallas hoy no son tan netamente definidas. Puede que ambos lados afirmen contar con Tu apoyo y Tu guía, avanzando con confianza y fe a una batalla donde la victoria o la derrota pueden ser igualmente confusas. No siempre es posible ser tan fuertes y estar tan seguros en la fe como Débora y Jael; algunas veces debemos llorar junto con la madre de Sísara. Todo lo que podemos hacer es defendernos cuando debemos hacerlo, y orar por Tu ayuda, sabiendo que escuchas el llanto de todas las mujeres que se ven envueltas en la guerra.

LA SUEGRA

Y Noemí dijo a sus dos nueras:
Andad, volveos cada una a la casa de su madre;
Jehová haga con vosotras misericordia,
como la habéis hecho con los
muertos y conmigo.

Rut 1:8

El desastre había golpeado a la familia, matando al esposo y a los dos hijos de Noemí, y dejándola a ella y a sus dos nueras para que se valieran por sí mismas. Noemí regresaría a su propio país, pero no podía sustentar a sus nueras, así que les rogó que regresaran a la casa de sus padres, donde Tú les proveerías nuevos esposos. Noemí estaba destinada a una vida dura y cruel. Era demasiado anciana para volver a casarse y viviría al margen de la sociedad. Se mantuvo compuesta y las despidió para el propio bien de ellas. La vida de una viuda es dura, Señor, pero Tú siempre provees para las necesidades de Tus seguidoras, y tenías un plan para Noemí y para Rut.

Rut la viuda

A dondequiera que tú fueres, iré yo,
y dondequiera que vivieras, viviré.
Tu pueblo será mi pueblo,
y tu Dios mi Dios.

Rut 1:16

Orfa siguió el consejo de Noemí, y regresó donde sus padres, pero Rut se negó a hacerlo. Ella se quedaría con Noemí y la ayudaría a sobrevivir. Era joven y fuerte. Había trabajo que ella podía hacer. Incluso trabajaría recogiendo espigas de los campos luego de la cosecha si hubiera necesidad, aun cuando eso significaba que los segadores la echarían y los dueños de los campos la tratarían como a una ladrona. De uno u otro modo, ellas no morirían de hambre. Las viudas tienen que tomar decisiones difíciles como ésta cada día, Señor. Totalmente solas, sin nadie excepto Tú que cuide de ellas, trabajan en empleos que nadie más quiere, por una paga que apenas si las alimenta. Ayúdalas a satisfacer sus necesidades; dales la esperanza que consoló a Rut.

La desesperación de Noemí

No me llaméis Noemí, sino llamadme Mara; porque en grande amargura me ha puesto el Todopoderoso. Yo me fui llena, pero Jehová me ha vuelto con las manos vacías.

Rut 1:20–21

Si bien Rut tenía fe en el futuro, Noemí no. Sus amigos de la niñez la volvieron a recibir, pero ella rechazó sus palabras amables. Ella dijo que Tú le habías asestado un golpe que ella no pudo soportar; la pérdida de su esposo e hijos la había hecho una mujer amargada. Era demasiado anciana para sobrevivir, aun con la ayuda de Rut. Algunas veces me siento igual, Señor. Aun si tengo alimento y refugio, el gozo se ha ido de mi vida y me ha dejado vacía y enojada. En momentos como éstos, necesito que me tranquilices diciéndome que nunca me darás una carga sin que me ayudes a llevarla. Sé mi hombro fuerte, mi esperanza de un futuro mejor.

Booz y Rut

He sabido todo lo que has hecho con tu suegra después de la muerte de tu marido.

Rut 2:11

La historia de Noemí y Rut se estaba haciendo conocida en la zona. Booz, un pariente del esposo de Noemí, le permitió a Rut recoger espigas en sus campos, asegurándose de que los segadores deliberadamente dejaran suficiente grano tras ellos para que las dos mujeres a las que había llegado a admirar pudieran alimentarse. Con el tiempo llegó a amar a Rut como mujer. Se casaron y ella le dio un hijo, quien sería el abuelo de David y el ancestro de Jesús, Tu Hijo. Señor, todo lo que hago tiene el potencial de ser parte de Tu plan para el mundo. No conozco los efectos de mi vida ahora; como que voy tropezando y espero lo mejor. Pero Tú tienes un plan, y ese plan es bueno.

Instrucción básica

Instruye al niño en su camino, y aun cuando fuere viejo no se apartará de él.

Proverbios 22:6

No soy una educadora, Padre, y mis conocimientos de teología son mucho menos que grandiosos, pero anhelo enseñarles a nuestros hijos acerca de Ti a través de mi vida diaria y mi ejemplo. Afortunadamente, las largas conferencias y la gran sabiduría no son necesarias para este tipo de enseñanza. Mis hijos observan lo que hago y digo, y siguen mis pasos desde muy temprana edad. Toda su vida recordarán lo que aprendieron cuando niños. Pido Tu sabiduría y Tu guía, Padre. Instrúyeme en las mejores maneras de enseñar a mis hijos acerca de Tu gran amor y de la respuesta apropiada que se le ha de dar a éste. Confío en que me guiarás para que pueda servirte todos los días de mi vida.

La paz de Dios

Y todos tus hijos serán enseñados por Jehová; y se multiplicará la paz de tus hijos.

Isaías 54:13

Una niña que Te acepta como su Salvador posee una paz interior que ningún ejército puede jamás garantizar, Señor. La confusión es parte de nuestra vida en la tierra, y algunas veces los niños tienen mucho de que preocuparse, mucho que temer de los demás. Pero una niña que se aferra a Ti conoce una paz especial que vence todos los temores. La victoria ya ha sido ganada, y ella no tiene nada que temer de las manos de su Salvador. Este conocimiento es el regalo más grande que les puedo pasar a mis hijos. Tengo la fe que vence, y deseo esta bendición para ellos. Ayúdame a enseñarles a nuestros hijos acerca de Ti, acerca de Tus grandes promesas, y acerca de la paz que oro para que sea su herencia.

Sabias para la salvación

Y que desde la niñez has sabido las Sagradas Escrituras, las cuales te pueden hacer sabio para la salvación por la fe que es en Cristo Jesús.

2 Timoteo 3:15

Padre, todo lo que un niño necesita saber acerca de Ti está a su disposición a través de la Biblia, con un poquito de ayuda de los adultos en su vida. Aprender las Escrituras lleva a la sabiduría, la cual a su vez lleva a la fe en Jesús y a la salvación. ¿Qué mayor regalo podría darle un padre o una madre a un hijo que ayudarlo a aprender y a amar Tu Palabra? No soy una erudita bíblica, Señor. Hay mucho en la Biblia que no entiendo ahora, pero llegaré a entenderlo en algún momento en el futuro. Aun así, Te amo y amo Tu Palabra y oro para que me ayudes a inculcar ese amor en todos mis hijos, para que podamos pasar la eternidad juntos contigo.

VERDADERAS RIQUEZAS

Para que lo sepa la generación venidera,
y los hijos que nacerán; y los que se
levantarán lo cuenten a sus hijos.

Salmo 78:6

Tengo una herencia que pasarles a mis hijos, Señor, historias de Tu poder y Tu liberación, de Tus grandes obras, y de Tu inagotable amor por todas las generaciones antes de la nuestra y de todas aquéllas todavía por venir. Tengo muy poco dinero o posesiones para dejarlas como herencia para nuestros hijos, pero si hago mi trabajo bien, ellos serán bendecidos con fe y recibirán el poder para pasarles esa fe a mis nietos. ¿Qué más podría desear para ellos? Las riquezas temporales son como nada; quedan detrás cuando partimos a encontrarnos contigo. Sé conmigo, Señor, cuando los tiempos sean difíciles y me desaliente. Mantenme como una maestra fiel del Camino por el bien de mis hijos y de todas las generaciones por venir.

El conocimiento y la inteligencia

Porque Jehová da la sabiduría,
y de su boca viene el conocimiento
y la inteligencia. Él provee de sana
sabiduría a los rectos.

Proverbios 2:6-7

Sé que la sabiduría es más que el conocimiento, Padre. El conocimiento es útil en la vida, y aliento a mis hijos a que lo busquen porque es beneficioso para saber historia, idiomas, ciencia, y matemática. Pero incluso los que carecen de una educación pueden tener sabiduría, la cual es entender cómo aplicar el conocimiento a nuestras vidas diarias. Las personas más eruditas todavía pueden aceptar el mal, pero los sabios saben más. Tú prometes proveer de sana sabiduría a los rectos para que entiendan cómo Tú quieres que ellos vivan y de ese modo traer gloria a Tu nombre. Si tengo que elegir entre darles a mis hijos conocimiento o sabiduría, elegiría darles un entendimiento de la sabiduría que proviene de Ti.

Buscando en todos los lugares equivocados

*Y si alguno de vosotros tiene falta de sabiduría,
pídala a Dios, el cual da a todos
abundantemente y sin reproche,
y le será dada.*

Santiago 1:5

Aceptar la sabiduría no es algo difícil para un hijo de Dios; más difícil es encontrarla. En nuestra búsqueda de la sabiduría, a menudo vamos tras ella en los lugares equivocados. Puede que las noticias de la tarde nos den los hechos, pero su interpretación de los hechos a menudo está viciada. Los profesores tratan de formar sabiduría por medio de las enseñanzas del conocimiento, pero un estudiante sabio evalúa cuidadosamente cualquier conclusión que un profesor saca de los hechos. Sólo Tú eres la fuente perfecta de la sabiduría, Padre. Tú nos la das abundantemente cuando Te la pedimos, sin jamás considerarnos tontos o descarriarnos. Nos has dado Tu Palabra como el mejor libro de texto de la verdadera sabiduría.

Buscando a los sabios

Porque al hombre que le agrada,
Dios le da sabiduría, ciencia y gozo.

Eclesiastés 2:26

La sabiduría y el conocimiento obrando juntas me dan la mejor oportunidad de la felicidad. Quiero que mi cirujano conozca cada detalle de mi operación, todos los hechos del procedimiento. También quiero que sepa si es sabio operarme. ¿Acaso otro tratamiento sería más apropiado para mí? ¿Estoy emocional, física, y espiritualmente apta para una operación, o me traerá ésta más problemas de lo que solucionará? En otras palabras, quiero un cirujano que sea tanto técnica como éticamente firme. Si encuentro a alguien así, tengo la mejor oportunidad de experimentar el gozo de la sanidad. Nadie es perfecto, pero guía mis elecciones, Señor, cuando tenga la necesidad de servicios profesionales de cualquier tipo.

La gloria

Porque Dios, que mandó que de las tinieblas resplandeciese la luz, es el que resplandeció en nuestros corazones, para iluminación del conocimiento de la gloria de Dios en la faz de Jesucristo.

2 Corintios 4:6

No podemos soportar ver Tu gloria directamente, Padre. Nos cegaría si lo intentáramos; tendríamos que voltearnos y alejar nuestros rostros, así como nuestros ojos se cierran naturalmente ante una luz fuerte. Pero Tú sabías que necesitábamos ver lo poquito que podemos soportar, así que enviaste a Tu Hijo para que probáramos algo de ella. Por medio de Su vida y Su ejemplo, Jesús nos dio el conocimiento de Tu poder, de Tu grandeza, y de Tu amor. No abrumas nuestros pobres cuerpos en su debilidad. Algún día seremos lo suficientemente fuertes para estar en Tu presencia sin tener que alejarnos. Hasta entonces, gracias por el conocimiento de Tu Hijo.

Sirviendo como un ejemplo

Quiero, pues, que las viudas jóvenes se casen, críen hijos, gobiernen su casa; que no den al adversario ninguna ocasión de maledicencia.

1 Timoteo 5:14

En estos días hay muchas otras actividades que podrían añadirse a la lista de arriba: trabajar 40 horas a la semana, dirigir una tropa de las niñas exploradoras, administrar una feria de la iglesia, llevar al perro al veterinario, y así sucesivamente. Lo que sea que haga como esposa, y la manera cómo lo haga, debe hacerse de una manera que Te traiga honor y gloria, Señor. Algunas veces tengo que tragarme mi enojo y soportar la crítica, pero incluso eso debe hacerse con una sonrisa, por cuanto soy Tu representante aquí en la tierra y no debo darle a nadie la oportunidad de rechazarte debido a mis acciones. Oro para que cuando esté a unos cuantos segundos de ser un mal ejemplo, me envíes Tu paz.

Siendo una pacificadora

Y gotera continua las contiendas de la mujer.

Proverbios 19:13

Las principales preocupaciones de mi vida son mi esposo y mis hijos, además de otras que valoro mucho. Quiero ser una pacificadora en casa, en el trabajo, y en la iglesia, y no una irritante gotera que nunca cesa y que pone a todos de un humor de perros. Puede que al perseguir y acosar a mi esposo logre que corte el césped según mi horario, pero arruinará el fin de semana. Insistir en que las tareas se hagan *ahora mismo* convierte a la mesa de la cocina en una prisión para mis hijos, no en un feliz lugar de reunión para los momentos familiares. Debo recordar que mis prioridades no son necesariamente las prioridades de aquellos a quienes amo, así que por favor dame el sentido común para dar un paso atrás y dejarles a todos un poquito de libertad de acción para que lleven sus propias vidas. Quiero ser una bendición, no una irritante gotera.

EL CENTRO DE LA ATENCIÓN

*Las mujeres asimismo sean honestas,
no calumniadoras, sino sobrias,
fieles en todo.*

1 Timoteo 3:11

Algunos días pienso que sería lindo ser un ministro del evangelio, hasta que entro en razón. No podría sobrevivir al centro de la atención que el trabajo conlleva. Y sin embargo, casi todos los días alguien me mira y, en un mal día, muy bien podría encontrar una razón para decir: "Si ella es una buena cristiana, entonces no quiero ser cristiano". Lo que hago se refleja en mi esposo, en mis hijos, en mi iglesia. No hay manera de evitar esto, y no estoy segura de que deba haberla. Soy humana, cometo errores, y tengo que vivir con las consecuencias. Concédeme el perdón cuando soy un mal ejemplo para todos los que conozco, Padre. Concede a aquéllos a quienes ofendo la sabiduría para entender que nadie está libre de pecado pero que Tu gracia es suficiente.

La piedad

*Mas la que en verdad es viuda y ha quedado sola,
espera en Dios, y es diligente en súplicas
y oraciones noche y día.*

1 Timoteo 5:5

Ser una mujer que de repente se queda sola en el mundo es algo aterrador, Señor. Una cosa es elegir vivir sola, pero lo repentino de la viudez deja muy poco tiempo para ajustarse, en especial si el pago de la hipoteca se ha vencido. Aún así, la soltería tiene sus bendiciones. De repente hay tiempo para la piedad, para la lectura, la contemplación y la oración. Hay tiempo para aprender a confiar en Tu provisión y en la de aquellos que se preocupan. Probablemente sea necesario encontrar un trabajo decente y descubrir en el camino que puedo cuidar de mí misma. Sé con todas las mujeres que viven solas, Señor. Sé su fiel compañero y guíalas en su lucha por construir una nueva vida en base a Tu amor y cuidado. Que su fidelidad aliente a otros que enfrentan la vida solos.

La vendedora de púrpura

Entonces una mujer llamada Lidia, vendedora de púrpura,... que adoraba a Dios, estaba oyendo; y el Señor abrió el corazón de ella para que estuviese atenta a lo que Pablo decía.

Hechos 16:14

Lidia jamás había escuchado la historia de Jesús, aun cuando Te adoraba a Ti, Padre. Era una comerciante que vendía la costosa tela de púrpura que hacía, una mujer muy ocupada. Puede que al principio sólo haya sentido curiosidad, siempre interesada en nuevos acontecimientos, pero Tú abriste su corazón, y ella escuchó cuidadosamente todo lo que Pablo dijo ese día. Tengo que admitir que algunas veces no escucho realmente, Señor. Tengo demasiado en que pensar y demasiado poco tiempo para absorber cada sermón de la manera que debo. Pero Tú prometes entrar en mi corazón y vivir allí si Te recibo, así como lo hiciste con Lidia. Entra en mi corazón, Señor Jesús.

La hospitalidad de Lidia

Y cuando fue bautizada, y su familia,
nos rogó diciendo: Si habéis juzgado
que yo sea fiel al Señor,
entrad en mi casa, y posad.

Hechos 16:15

Lidia era una mujer de acción. Una vez que Te aceptó como su Señor, le contó la historia a toda su casa, esclavos, siervos, y tal vez hijos (no se hace mención de un esposo), y todos los que vivían con ella fueron bautizados. Luego ella vio otra necesidad e invitó a Tus discípulos a vivir en su casa mientras estaban en la zona. Era tan sincera en su hospitalidad que los discípulos encontraron que no podían negarse a los deseos de ella. Primero, Lidia Te recibió en su corazón, Señor; luego invitó a los discípulos a su hogar. Oro para que pueda ser la mitad de lo dedicada y afectuosa que fue esta bebé recién nacida en Cristo.

Las obras de Dorcas

Ésta abundaba en buenas obras y en limosnas que hacía... enfermó y murió.

Hechos 9:36–37

Dorcas, una costurera de talento, también era una mujer ocupada que encontró tiempo para Tu obra. Cuando las personas venían a ella en busca de ayuda, ella nunca las rechazaba; todas las viudas de la ciudad la amaban. Luego de enfermarse y morir, sus muchos amigos le rogaron a Pedro que viniera a la casa de ella, al menos para orar por ella y para consolar a los dolientes. Él la encontró amortajada en su habitación con una multitud de amigos llorando a su lado. Sé que la muerte nos llega a todos, Señor, pero algunas veces siento que no puedo entregar a un ser amado, especialmente una persona de buenas obras. Oro para que en un momento como éste, me envíes Tu consuelo y Tu paz.

Dorcas resucitada

Entonces, sacando a todos, Pedro se puso de rodillas y oró; y volviéndose al cuerpo, dijo: Tabita, levántate. Y ella abrió los ojos, y al ver a Pedro, se incorporó.

Hechos 9:40

La historia de Pedro que resucitó a Dorcas se difundió por todas partes, con grandes consecuencias. Muchos que escucharon la noticia llegaron a creer en Ti debido a lo que hiciste por esta buena mujer. No esperaban ser resucitados de inmediato cuando les llegara la hora, pero habían escuchado de Tu poder y Tu gloria entre aquéllos que Te conocían y Te recibían en sus vidas. Dorcas fue una bendición durante su vida, y, por medio de Tu poder, siguió siéndolo incluso después de su aparente muerte. Que yo trabaje para ser una bendición así a aquellos a mi alrededor en mi vida diaria.

Índice de pasajes bíblicos
Antiguo Testamento

NUEVO TESTAMENTO

Notas

Notas

Notas

Notas

Notas

Notas